TERAPIA de casais e famílias

UMA VISÃO CONTEMPORÂNEA

LUIZ CARLOS OSORIO

TERAPIA DE CASAIS E FAMÍLIAS:
UMA VISÃO CONTEMPORÂNEA

DIRETOR
Alcebino Santana

DIREÇÃO DE ARTE
Tiago Rabello

REVISÃO
Débora Andreza Zacharias

CAPA
Artesã Editora / Walkiria P. Campos

PROJETO GRÁFICO E DIAGRAMAÇÃO
Rodrigo Fagundes

Catalogação na publicação
Elaborada por Bibliotecária Janaina Ramos – CRB-8/9166

O03t

Osorio, Luiz Carlos

Terapia de casais e famílias: um visão contemporânea / Luiz Carlos Osorio. – 2. ed. – Belo Horizonte: Artesã, 2024.

192 p.; 14 X 21 cm

ISBN 978-85-7074-103-5

1. Terapia familiar. 2. Terapia conjugal. 3. Psicopatologia. 4. Relações amorosas. I. Osorio, Luiz Carlos. II. Título.

CDD 616.89156

Índice para catálogo sistemático
I. Terapia familiar

IMPRESSO NO BRASIL
Printed in Brazil

(31)2511-2040 (31)99403-2227
www.artesaeditora.com.br
Rua Rio Pomba 455, Carlos Prates – Cep: 30720-290 | Belo Horizonte – MG
/artesaeditora

Sumário

Introdução

Este livro, que ora apresentamos aos leitores, insere-se na pauta "atualizações" e propõe-se a trazer a visão do autor sobre a situação da terapia de casais e famílias na contemporaneidade. Mais do que uma resenha da evolução dessa modalidade psicoterápica até nossos dias, é nosso intuito traçar aqui seus desdobramentos atuais com as várias interfaces que foram sendo estabelecidas com áreas afins, dando ensejo ao surgimento de novas formas de abordagem da família em seus anseios e necessidades. Assim, por exemplo, discutimos a mediação familiar, território no qual o direito e a psicologia se emparceiram, seguindo a tendência atual de trabalharmos sob a égide da interdisciplinaridade, superando limitações e ampliando possibilidades de entendimento e atendimento quando nos valemos da cooperação solidária de profissionais de distintas áreas. Da mesma forma, vamos interagir com a gestão empresarial quando abordarmos a questão das empresas familiares e seu enfoque do ponto de vista dos fatores humanos que nelas atuam.

Ao longo dos textos também se articulam nossos papéis de terapeutas, professores e consultores. Vamos discutir um modelo de ensino de terapia familiar, no qual deliberadamente fugimos do estereótipo da formação tradicional, justamente por discordar da ideologia de pôr "na forma" os alunos que nos procuram. Aliás, como ver-se-á no capítulo correspondente, até mesmo a noção de ensino — no sentido etimológico do termo (in + signo: "pôr nossa marca em alguém") — é questionada e, coerentemente com essa postura, tratamos de não oferecer protótipos técnicos para monitorar a atividade clínica de nossos educandos.

Alguns capítulos dedicam-se a expor mais detalhadamente o modo como trabalhamos e introduzimos variáveis, com vistas a ampliar nossos recursos terapêuticos, sempre tendo como referencial ético o respeito aos pacientes e aos limites que nos impõem seus direitos à privacidade e à autonomia. A atitude empática com o sofrimento alheio e a criação de um clima terapêutico alicerçado nesses direitos é a "pedra de toque" de nossa postura profissional, em consonância com o ideário humanista que nos anima.

Em resumo, nosso intuito é oferecer nas páginas que seguem uma visão contemporânea, bastante pessoal, de como percebemos a terapia de casais e famílias e alguns temas que lhe são correlatos neste limiar do século XXI. Aos que se dispuserem a percorrer estas páginas em nossa companhia, convidamos a externar suas opiniões e interagir conosco, utilizando-se das facilidades que nos proporcionam os recursos tecnológicos desses novos tempos, no seguinte endereço eletrônico: osorio2302@gmail.com.

▪ CAPÍTULO 1 ▪

DINÂMICA DAS RELAÇÕES CONJUGAIS NA CONTEMPORANEIDADE

Inicialmente, cogitamos redigir este capítulo subdividindo-o em dois tópicos, um dos quais versaria sobre a visão masculina e outro sobre a visão feminina das relações conjugais. Demo-nos conta, em seguida, que, assim, estaríamos conservando aquela postura preconceituosa, que é justamente o que se pretende questionar neste texto, ou seja, que masculino e feminino são diferentes e necessariamente se contrapõem. Claro está que não estamos ingenuamente negando que, assim como há diferenças anátomo-fisiológicas entre os sexos, também existem diferenças no modo de perceber, sentir e compreender o que se passa no universo das relações humanas. O que estamos aqui querendo sublinhar é que tais enfoques não são sempre e nem mesmo predominantemente antagônicos. Talvez haja atualmente mais diferenças no modo como duas gerações sucessivas visualizam as relações conjugais do que na maneira como homens e mulheres de uma mesma geração as situam.

Mas, preliminarmente, o que entendemos por relações conjugais?

Relações conjugais são, em nosso entender, aquelas que mantêm homens e mulheres com o outro ou com o mesmo sexo, por terem estabelecido laços de natureza sexual e afetiva que os levam a desejar uma vida compartilhada, independentemente dos fins de procriação da espécie ou da institucionalização dessa união pelos ritos do casamento civil ou religioso.

Já se está a ver que essa conceituação da relação conjugal discrepa do que postulam os padrões convencionais sob os quais se considera (ou se considerava até há pouco tempo) a instituição matrimonial, e outro não é nosso intuito se não contemporaneizá-la, reconhecendo, contudo, que o estamos fazendo a partir de um ponto de vista pessoal sobre a matéria.

A dinâmica das relações conjugais altera-se em função de fatores socioeconômicos e culturais e do momento do processo civilizatório em que a consideremos. Indubitavelmente, as profundas transformações ocorridas no relacionamento conjugal no século XX foram em grande parte determinadas pelos avanços científicos e tecnológicos que mudaram significativamente o perfil das necessidades e desejos, bem como das expectativas de vida, dos seres humanos em geral.

É nosso propósito, ao longo deste capítulo, traçar um esboço das tendências atuais que balizam a dinâmica das relações conjugais, visualizadas num prisma evolutivo, ou seja, de algo que se inscreve num processo de constante aperfeiçoamento das relações humanas, conquanto muitas vezes nos confunda, nos perturbe ou nos pareça ameaçar a estabilidade das instituições a que confiamos a manutenção das conquistas éticas na evolução da humanidade.

Para entender esse fluxo evolutivo nas relações conjugais, não podemos deixar de lançar um olhar ao seu passado, ao modo como se estabeleceram e o caráter predominante que adquiriram ao longo dos tempos e das civilizações. Talvez nada permita visualizá-las de um modo tão abrangente e sintético como a menção à etimologia do termo que se cunhou para identificá-las: *conjugal* (do lat. *cum*: ideia de união ou companhia + *jugum*: jugo, domínio*)* significa "o que leva o mesmo jugo", ou seja, diz respeito ao caráter aprisionador que caracterizou através dos tempos a relação conjugal. E se alguém objetar que a um "dominador" corresponde um "dominado", lembremos que, numa visão sistêmica, para que haja um tirano é preciso que exista a vítima e, assim como ocorre na relação entre o torturador e o torturado, ambos estão condenados ao mesmo processo que os mantêm unidos. Contraponteando, lembramos o que dizia *M. Mead* (comunicação pessoal): "cada mulher que se libera, libera consigo um homem; quando os homens perceberem isso, tratarão de ser menos algozes de suas companheiras".

Ora, se na composição da palavra "cônjuge" torna-se evidenciável o caráter de mútuo aprisionamento, torna-se evidente que a possessão do outro foi determinante na origem das relações conjugais. O sentimento de posse, ao lado da busca de satisfação sexual por complementariedade, são elementos definitórios das relações conjugais como as conhecemos no regaço das gerações que nos precederam.

Não há, portanto, como examinar-se as transformações significativas porque passam as relações conjugais em nossa época sem considerá-las à luz da questão do poder entre seus parceiros.

A conquista e manutenção de estados de poder são inerentes à condição humana a matizam todas as suas manifestações. A família monogâmica, prevalente no mundo ocidental ainda hoje, deve suas origens à afirmação do poder masculino para assegurar filhos de paternidade inconteste, garantindo, assim, a continuidade hereditária da propriedade privada e dos bens materiais em geral. Mas a alienação feminina sob o jugo patriarcal também se alinha nesse tabuleiro no qual se desenrolam os jogos de poder: a esposa abdica do prazer pela posse do companheiro, enquanto a concubina exerce seus direitos sobre a província hedonista da qual se tornou arrendatária.

O movimento de emancipação feminina, apoiado na evidência de que não há razões biológicas nem psicológicas para sustentar a desigualdade social entre homens e mulheres, ainda está longe de concretizar-se, segundo a opinião de algumas feministas. *Carla Ravaioli*, escritora italiana, em seu livro: *A mulher contra ela mesma* observa: "a mulher permanece hoje, como ontem, metade odalisca, metade sufragista [...] é ela cúmplice da discriminação de que é vítima".

A guerra dos sexos, como o conflito de gerações e todos os demais estados de beligerância, é alimentada, em última instância, por uma disputa pelo poder. E o narcisismo humano é o combustível que move homens, mulheres e seus descendentes nesta ciranda em busca do poder, dentro e fora do âmbito da família.

Parece-me indiscutível que o *sentimento de posse* envenena as relações humanas e o sentimento de posse radica-se nos núcleos narcísicos arcaicos da condição humana. Em cada relação afetiva, somos levados a reeditar o vínculo possessivo original com a matriz que nos gerou. A fantasia primordial do bebê é que a mãe existe em função dele, unicamente para servi-lo e satisfazer suas necessidades. A vida se encarregará de corrigir essa ilusão primária e o fará à custa de maior ou menor grau de sofrimento psíquico por parte do indivíduo, consoante sua respectiva maior ou menor capacidade de renúncia à posse exclusiva do objeto amado.

Em outras palavras, num bem-sucedido processo de amadurecimento psicológico, o indivíduo deve poder despojar-se do desejo onipotente de domínio e posse do outro para alcançar aquele estado de bem-estar psíquico que referimos como "felicidade".

Sexualidade hoje: emergência de um novo paradigma

As metamorfoses da família nos tempos atuais, indubitavelmente, só poderão ser compreendidas à luz das profundas modificações no comportamento sexual da sociedade hodierna.

A sexualidade humana, para que se a aborde sob um prisma integrador, não pode ser dissociada — como de hábito o é — em uma sexualidade feminina e outra masculina. Essa contraposição desloca o exame da questão sexual para a estéril discussão sobre a primazia de um sexo sobre outro ou das vantagens e desvantagens de cada qual. Por outro lado, a crescente pressão dos homossexuais para o reconhecimento de seu comportamento como uma condição sexual equiparável socioculturalmente à conduta heterossexual já não mais permite que se discuta hoje em dia a sexualidade humana tendo como parâmetro único a dicotomia entre os sexos.

A crescente segurança dos métodos anticoncepcionais e o aperfeiçoamento de fecundação *in vitro*, praticamente dissociando o coito da função reprodutora; os progressos da cirurgia reconstrutiva, permitindo a consumação do transexualismo; a superação de tabus e preconceitos pelo maior conhecimento da fisiologia sexual e dos psicodinamismos da sexualidade humana; o aumento da promiscuidade sexual, com o consequente recrudescimento das doenças venéreas e o advento da Aids — eis algumas das novas circunstâncias que vêm balizando a discussão sobre a chamada "revolução sexual" no limiar do terceiro milênio e dando lugar a uma bateria de questionamentos sobre o *locus* da sexualidade no contexto existencial dos seres humanos.

O exercício da sexualidade nem sempre esteve atrelado às questões morais, como ocorre na civilização ocidental a partir da tradição judaico-cristã. Em muitos povos da antiguidade, como também entre os aborígenes da Oceania e da América, isso não aconteceu. Na Melanésia, por exemplo, a única interdição respeitada é a do tabu do incesto; no restante a conduta em relação ao sexo é bastante livre de restrições, sendo a nudez consentida, não se impedindo as crianças de presenciarem a conjunção carnal dos adultos, favorecendo-se os jogos sexuais dos impúberes e até mesmo propiciando-se aos jovens uma verdadeira aprendizagem sexual sob a supervisão de um experimentado mestre. Fica-nos, então, a indagação do porquê, sobretudo entre os cristãos, o corpo e a sexualidade foram alvos de tanta repressão e repúdio. Uma das explicações aventadas, até certo ponto ingênua, e que, por não poder ser generalizada, não resiste ao mais elementar exame crítico, é que o homem civilizado rejeita sua genitalidade por vê-la confundida com as funções excretoras. Quer nos parecer, contudo, que a justificativa para tal atitude de rechaço à sexualidade reside na não elaboração das fantasias incestuosas por parte dos que a preconizam. O tabu do incesto, este sim, é universal e serve de matriz para as inibições sexuais em todas as culturas.

A noção de "pecado", vinculada ao desejo e à atividade sexual permeia toda a história da cristandade, desde o mito de Adão e Eva até o dogma da imaculada concepção de Maria. Na fé católica, a virgindade, a castidade, a renúncia aos prazeres da carne e o celibato são associados à ideia de santidade e de salvação religiosa, sendo a quebra dos preceitos, com relação à interdição do sexo fora das finalidades de procriação da espécie, considerada uma violação dos mandamentos da igreja.

Embora as confissões protestantes sejam mais brandas do que o catolicismo nas questões sexuais, até por admitirem o casamento de seus sacerdotes, de uma forma geral o cristianismo repudia o livre exercício da sexualidade e constituiu-se, até muito recentemente, no maior obstáculo à revisão da questão sexual à luz dos conhecimentos científicos e livres de tabus e preconceitos. Donde se conclui que a religião e a sexualidade sempre se contrapuseram ao longo da história mais recente da humanidade. A assim chamada revolução sexual é, contudo, um processo em marcha e irreversível, malgrado todos os esforços da religião institucionalizada para sufocá-la ou, ao menos, conter seus avanços.

Tudo isso nos conduz à necessidade de um reordenamento dos valores éticos em relação à sexualidade humana em razão da caducidade da "velha ordem sexual" gerenciada pelo espírito religioso e da ruptura da sociedade contemporânea com os princípios por ela defendidos.

A nova moral sexual, escoimada dos tabus e preconceitos de ordem religiosa, aponta para a possibilidade de superação dos conflitos que violentam a natureza humana, por desconsiderá-la em sua essência instintiva, e permite que se vislumbre a sexualidade como via satisfatória e criativa para acessar a mais genuína fonte de felicidade que se conhece: a relação amorosa e íntima com outro ser humano.

O resgate da vocação do intercurso sexual para a obtenção do prazer, livre de culpas e consequências indesejáveis, e para a veiculação dos afetos e o estabelecimento de vínculos amorosos, é a tarefa primordial desse novo paradigma moral que se esboça na esteira da revolução dos costumes sexuais.

O livre exercício da sexualidade é uma conquista da sociedade contemporânea e, ao contrário do que apregoam muitos moralistas de plantão, que vicejam nas sebes da hipocrisia, não será ela responsável por nenhum apocalíptico desregramento do convívio social e nem ameaçará a sobrevivência da família, que repousa sobre outras primordiais motivações e necessidades humanas.

O argumento derradeiro dos que se opõem a esta salutar renovação do comportamento sexual é o aumento da promiscuidade e dos males dela decorrentes, tais como a maior incidência de doenças venéreas e o espectro da Aids. Ora, isto é como sugerir-se que renunciemos ao progresso tecnológico pelos males que dele necessariamente advirão, como se, ingenuamente, ignorássemos que os inconvenientes não são dos avanços da tecnologia e sim da cupidez humana que os administra. O uso perverso da sexualidade ou o desvio de seus fins precípuos não podem ser argumento para que nos privemos de todo o manancial de prazer e intercâmbio afetivo que ela nos pode proporcionar.

É inegável o valor intrínseco da sexualidade livremente exercida para a obtenção de uma melhor qualidade de vida. O aperfeiçoamento das práticas anticoncepcionais e o gradativo controle das doenças sexualmente transmissíveis tornarão irrevogáveis as conquistas feitas em nossa época no sentido de garantir aos seres humanos em geral, e aos jovens em particular, o direito à sexualidade plenamente usufruída, condição indispensável para o enriquecimento afetivo da humanidade.

A família, ao mesmo tempo que regula o exercício da sexualidade humana, tem por ela determinada suas distintas configurações e objetivos. É ela ainda o laboratório de experimentação e análise crítica dessa nova moral sexual emergente, como será também beneficiária imediata de um contexto menos repressor, mais em sintonia com as demandas da natureza humana e provedor de um ambiente propício ao reconhecimento e adequada satisfação das necessidades sexuais de seus membros.

É no seio da família de hoje — e não fora dele, como se poderia pensar — que a revolução dos costumes sexuais está a gestar um novo paradigma moral. Esse processo transita *pari passu* com os movimentos reivindicatórios dos direitos da mulher e dos homossexuais, com o questionamento do autoritarismo em todas as suas formas, com a falência da religião como reguladora do comportamento humano e das ideologias políticas como via de acesso às utopias sociais, com o advento das novas tecnologias, com a transição da onda industrial para a era das telecomunicações e, *last but not least*, com a substituição do poder gerôntico pelo poder jovem.

Que a nova ordem sexual é a pedra de toque das transformações na família contemporânea é fato consabido e de ordem consensual entre os estudiosos da instituição familiar. E ao tratarmos dessa nova ordem sexual, não podemos deixar mencionar:

A questão homossexual

A questão homossexual ainda se debate, neste limiar de um novo século, num amplo espectro que vai desde a esfera da moral religiosa até o âmbito sociopolítico, passando pelo crivo da ciência.

"A homossexualidade é anormal e antinatural porque contraria as leis da natureza, que determina a reprodução das espécies", afirmam uns; ao que outros contraponteiam: "a sociedade, como a natureza, se autorregula e a homossexualidade, como as guerras e as hecatombes, visa controlar a superpopulação da espécie".

A homossexualidade, no entender de alguns, é uma perversão da sexualidade ao que se opõe à decisão da Associação Psiquiátrica Americana, em 1973, que deixou de considerar a homossexualidade uma perturbação mental.

Biologicamente, há evidências de variações hormonais, no tocante aos níveis de andrógenos e estrógenos, particularmente na vida pré-natal dos homossexuais, supostamente relacionadas com a ocorrência desse comportamento sexual posteriormente, como também estudos genéticos sugerem uma predisposição genética oculta para a homossexualidade, embora estudos cromossômicos tenham sido incapazes de diferenciar homossexuais de heterossexuais.

Freud (1901-1905) afirmava que a homossexualidade não pode ser considerada uma doença e sim uma variação das funções sexuais, produzida por um certo comprometimento do desenvolvimento sexual. Não obstante essa opinião do criador da psicanálise, a teoria psicanalítica acabou por compartimentalizar a homossexualidade como a nosologia psiquiátrica requeria e na sua práxis clínica continuou considerando-a "um desvio da normalidade".

A Igreja Católica, embora condene a homossexualidade e a identifique como um pecado, mostra certa ambiguidade ao tratá-la, desde São Paulo, como de gravidade menor do que a fornicação, o adultério e a própria masturbação, o que parece representar uma contrapartida às rígidas normas quanto ao celibato religioso; já os espiritualistas e reencarnacionistas atribuem a homossexualidade à persistência de características do sexo oposto ao da atual reencarnação, provenientes da anterior.

Costuma-se atribuir à civilização greco-romana uma particular tolerância e até certo incentivo à homossexualidade, tida como uma forma de amor superior e sublimado, o que, no entanto, é uma visão equivocada, pois, na verdade, o que os gregos e romanos louvavam era a vitória sobre a paixão amorosa e a relação platônica entre seres do mesmo sexo era vista, então, como virtuosa, mas a submissão na homofilia passiva era relacionada com a servilidade dos escravos e por isso abominada entre os nobres.

Como vemos, muitas e contraditórias têm sido as formas de encarar a homossexualidade, seja bio, psico, sociologicamente, ou religiosamente. É evidente, contudo, o enfraquecimento da interdição da homossexualidade em nossas sociedades ocidentais contemporâneas.

Talvez o único óbice que reste à conduta homossexual examinada sob a ótica da contemporaneidade é o que reside no estrito campo do determinismo biológico da preservação das espécies, mesmo assim, cremos que por não muito tempo mais, devido a iminente possibilidade de reprodução dos seres humanos pelo mecanismo da clonagem. Quando isso ocorrer, malgrado toda a resistência que o moralismo religioso de plantão faça ao progresso científico, já não haverá nem essa alegação para colocar-se a homossexualidade noutra rubrica que não a de uma simples condição comportamental como tantas outras na esfera da conduta humana.

E quando isso ocorrer, paralelamente ao fim da discriminação com os grupos étnicos (na medida em que os estudos sobre o genoma da espécie os vieram igualar), os homossexuais livrar-se-ão para sempre desse ranço preconceituoso que os coloca no limbo da sexualidade humana.

Casais no futuro: cônjuges ou sinejuges?

Voltamos ao referencial etimológico para sugerir, por antinomia, a emergência de um novo paradigma nas relações de casal, pautadas pela mitigação dos sentimentos de posse recíprocos e pela ausência de dominação de um pelo outro. Serão os *sinejuges (sine*: sem; *jugum*: jugo*)* do futuro, em que mais do que a *complementaridade*, apontada como fulcro da relação de casal, é ideal que esteja presente a *suplementaridade,* ou seja, a possibilidade de que cada um dos partícipes do par agregue valor ao projeto de vida do outro e venha se constituir num *plus* a seu desenvolvimento pessoal. Para tanto é mister que a interação do casal esteja antes pautada pela cooperação do que pela competição, pelo estímulo e não pelo cerceamento do desejo de cada um, pela liberação e não pelo aprisionamento de suas respectivas vontades.

Concluindo

O novo paradigma da sexualidade humana na contemporaneidade assenta-se na priorização do prazer e não mais da procriação, na medida em que esta se desvincula do ato sexual, assim como no respeito às vontades individuais e não mais no exercício do domínio sobre o(a) parceiro(a). Consequentemente, é sobre a dinâmica das relações conjugais, hetero ou homossexuais, que incidem as mais significativas transformações no comportamento sexual humano nesse limiar de um novo século. E tais mudanças têm se processado, como sugerimos anteriormente, no seio da família e não fora dela, como um olhar menos atento poderia supor. É chegado o momento, portanto, de nos determos na análise de alguns elementos que pautam esses novos rumos da família nos dias que correm.

Referências

Foucault, M., Ariès, P., Bejin, A., Flandrin, J. L., Pollak, M., & Veyne, P. (1983). *Sexualidades Ocidentais.* Lisboa: Contexto Editora.

Freud, S. (1901-1905). *Três Ensaios sobre a Sexualidade.*

Kaplan, H., Sadock, B., Grebb, J. (1997). *Compêndio de Psiquiatria.* Porto Alegre: Artes Médicas.

CAPÍTULO 2

NOVOS RUMOS DA FAMÍLIA NO LIMIAR DO SÉCULO XXI

É provável que em nenhum outro período da história da humanidade ocorreram tantas e tão significativas mudanças nas relações familiares, assim como no comportamento humano em geral, como em nossa época.

Não tem mais de um século — e um século é período de tempo assaz curto em se tratando da história da civilização — o reconhecimento dos direitos das mulheres e das crianças: das mulheres, de não ficarem restritas ao exercício da maternidade, na clausura de um matrimônio ao qual habitualmente não chegavam por vontade própria; das crianças, de não serem meros objetos das expectativas dos pais.

Paralelamente a essas conquistas no campo dos direitos da maior parcela da humanidade (as mulheres e seus descendentes), os homens se viram aliviados da responsabilidade exclusiva de prover o sustento da família.

As mulheres, embora muitas vezes exercendo de fato, ainda que não de direito, o poder dentro dos lares, não possuíam fora deles uma identidade própria: eram as esposas de fulano ou sicrano, conforme ainda hoje se denuncia na forma como o sobrenome do marido é aposto ao seu, agravado com o signo da propriedade conferido no designativo "de" nos países de língua espanhola.

As crianças, tal qual os animais domésticos, eram maltratadas ou afagadas, conforme os humores dos pais.

E os homens? Bem, esses aprisionavam suas inclinações amorosas para desempenhar o papel de macho que deles se esperava e que estava identificado com a repressão dos sentimentos e o exercício da crueldade que os credenciava para as funções de caçadores e guerreiros.

Curiosamente, a origem etimológica da palavra *família* nos remete ao vocábulo latino *famulus*, que significa *servo* ou *escravo*, sugerindo que, primitivamente, considerava-se a família como sendo o conjunto de escravos ou criados de uma mesma pessoa. Parece-me, contudo, que essa raiz etimológica alude à natureza possessiva das relações familiares entre os povos primitivos, na qual a mulher devia obedecer a seu marido como se seu amo e senhor fosse e os filhos pertenciam a seus pais, a quem deviam suas vidas e, consequentemente, esses se julgavam com direito absoluto sobre elas. A noção de posse e a questão do poder estão, portanto, intrinsecamente vinculadas à origem e à evolução do grupo familiar.

A *crise* da família nos dias atuais

A expressão *crise* tornou-se um lugar comum em nossos dias. Fala-se em crise econômica, crise moral, crise religiosa, crise política, crise do casamento, crise da família, crise das instituições em geral, de tal forma e com tamanha insistência e reiteração que o termo já não mais se reserva para assinalar algum momento ou circunstância de exceção, mas é utilizado para sinalizar uma condição permanente ou um estado de crônica insatisfação à espera de certa providência que, ao chegar, restabelecerá a situação anterior de suposto equilíbrio e bem-estar ou nos remeterá à possibilidade futura de solução definitiva de um mal-estar pessoal ou social que nos aflige. Destarte, nossa vida transcorre na vigência de uma crise insolúvel e perene a rondar todos os setores de nossas circunstâncias.

É *crise* um conceito equivocado?

Certamente. *Crise* consensualmente tem sido considerada uma expressão com conotação negativa, sinônimo de catástrofe iminente. Nada mais errôneo. *Crise* é um ponto conjuntural necessário — diria até indispensável — ao desenvolvimento tanto dos indivíduos como de suas instituições. As crises ensejam o acúmulo de experiência e uma melhor definição de objetivos.

Crise, *por* suas origens etimológicas, apenas significa *decisão, discriminação, juízo* (do grego *krisis*, derivado de *krino*: eu decido, separo, distingo, julgo), longe do sentido apocalíptico ou de ruptura com que foi o termo impregnando-se através dos tempos.

Assim, quando dizemos que a família hoje está em crise, não significa que esteja ela ameaçada de destruição como o querem algumas cassandras que nos últimos tempos andam anunciando sua morte; quando muito estaríamos aludindo a mais uma mutação em seu ciclo evolutivo, algo que quiçá metaforicamente poderíamos comparar a um salto quântico para níveis mais satisfatórios de interação humana. A família é, e continuará sendo, a par de seu papel na preservação da espécie, um laboratório de relações humanas onde se testam e aprimoram os modelos de convivência que ensejem o melhor aproveitamento dos potenciais humanos para a criação de uma sociedade mais harmônica e promotora de bem-estar coletivo.

Feita a ressalva quanto à distorção do conceito de crise, vejamos quais são alguns elementos que caracterizam a crise da família nesse advento de um novo século.

Entre as *circunstâncias geradoras* das profundas mudanças que vêm ocorrendo no contexto familiar de nossos dias estão: a mudança de paradigma na sexualidade humana pela desvinculação entre o ato sexual e a função de procriar, o movimento feminista, o reconhecimento dos direitos da criança e do adolescente, a aceitação da homossexualidade como uma variante do comportamento sexual humano, a insatisfação nas relações matrimoniais, o aumento de expectativa de vida, a mudança nos valores éticos da sociedade, a cultura consumista, os avanços tecnológicos e o progresso dos meios de comunicação.

Entre as *consequências advindas* e que afetam a família de hoje em razão do impacto dessas mudanças estão: a maior incidência das separações conjugais e as correspondentes reconstruções familiares, a crise na autoridade dos pais, a instabilidade profissional e a insegurança financeira dos responsáveis pela manutenção do lar, a sobrecarga com o atendimento a progenitores senis, os fracassos escolares dos filhos, a falta de perspectiva no mercado de trabalho para os jovens, a alienação pelas drogas e o aumento da violência urbana.

Portanto, a família está em crise, sim, mas para dar origem a novas formas de configurações familiares como as que se esboçam no limiar do século XXI, adequando-se às demandas desse novo giro na espiral ascendente da evolução humana. E, com a tendência à universalização dos hábitos e costumes através da miscigenação cultural, propiciada pelo avanço extraordinário dos meios de comunicação, pela vez primeira na história da civilização humana podemos cogitar da emergência de um mesmo modelo familiar prevalente em todos os recantos da aldeia global, paradigma da sociedade do futuro no planeta que habitamos.

Evidentemente, muito tempo transcorrerá até que possamos nos referir a um modelo familiar universal. No entanto, já nos é possível visualizá-lo a partir de certos referenciais que pautam as transformações por que passa a família de nossos dias. Ainda que, pela complexidade dos fatores subjacentes a essas transformações, não seja possível considerar isoladamente o papel de cada um, há certo consenso sobre a influência marcante do progresso das ciências biológicas (e, em decorrência, suas repercussões sobre o mecanismo da reprodução humana) e do advento da psicanálise (por sua elucidação das raízes psicodinâmicas do comportamento sexual humano) nas mudanças das relações entre os sexos e, consequentemente, na composição da família contemporânea.

A família da *aldeia global* está, pois, em gestação e, nesse processo, assume configurações das mais diversas e polimorfas, proteimorfismo esse que é uma propriedade dos sistemas em transformação. Por *configurações familiares*, entendemos o modo como se dispõem e se inter-relacionam os elementos de uma mesma família. E tais configurações se mostram particularmente complexas e com facetas inéditas nas famílias *reconstituídas* ou *reconstruídas*, ou seja, aquelas famílias que são provenientes da união de cônjuges com relacionamentos anteriores, com ou sem filhos. Essas famílias constituem o protótipo transicional entre a família nuclear burguesa ocidental do século XX e a família adventícia nesse século em que acabamos de ingressar, a um mesmo tempo polivalente e universal, incorporando, pelo irreversível processo de globalização, valores e características socioculturais de todas as latitudes.

A família do futuro

Alvin Toffler, renomado futurologista e estudioso do que chama *ondas civilizatórias*, assim resume sua ideia da família do futuro:

> Vejo a sociedade evoluindo para um período em que brotam, florescem e são aceitas muitas diferentes estruturas de família. Seja a cabana eletrônica, com papai, mamãe e o filho trabalhando juntos, ou um lar de um casal, cada qual com sua carreira, ou único progenitor, ou uma dupla de lésbicas criando uma criança, ou uma comuna ou qualquer número de outras formas, haverá pessoas vivendo nelas, o que sugere uma variedade muito mais ampla de relacionamento homem-mulher do que existe hoje. (1983).

Gostaríamos de iniciar o exercício prospectivo sobre a família de que trata este tópico justamente por esta questão colocada por Toffler ao final do parágrafo anterior: o relacionamento homem-mulher. O próprio Toffler observa que, "ao deixarmos de uma vez por todas uma economia baseada no poder do músculo e passando para outra que se radica no poder da mente isto elimina desvantagens fundamentais no caso das mulheres" (1983). Efetivamente, a igualdade de direitos, deveres e opções entre os sexos é a pedra de toque das transformações, porque passa a família contemporânea e se projeta no futuro sob a forma de um novo padrão relacional entre homem e mulher, em que a força física deixa de funcionar como fator de desequilíbrio.

Por outro lado, se a revolução sexual nesse século que se findou foi monitorada pela desvinculação entre o prazer sexual e as funções reprodutivas, a do século que ora se inicia será marcada, ao que tudo indica, pela separação entre o processo de reprodução e as funções de *paternagem* e *maternagem*.

A reprodução *in vitro*, as *barrigas de aluguel*, as denominadas *produções independentes* das mães solteiras, a possibilidade do homem gerar um filho em seu ventre, ainda no terreno das especulações, mas não mais uma impossibilidade neste *admirável mundo novo* das tecnologias tangenciando milagres de outrora, e, *last but not least*, a hipótese de que os progressos da engenharia genética permitam a clonagem de seres humanos com a reprodução totalmente desvinculada dos processos naturais de fecundação e gestação, reservando, em definitivo, o coito à função de proporcionar prazer a seus praticantes — eis alguns elementos de impacto capazes de, por si sós, trazerem novas e mais profundas alterações na estrutura da chamada família tradicional. Para tornarmos mais concreto o significado dessa afirmação, tome-se o inusitado de algumas situações decorrentes de certas conquistas da medicina no setor reprodutivo, como a condição da mãe que *empresta* seu ventre para a filha histerectomizada para que nele se geste o produto da união das células reprodutivas dela e de seu genro: ela será, pois, avó de seu filho, que, por sua vez, além de ser filho de sua avó, será irmão de sua mãe e cunhado de seu pai. Incrível, não é mesmo? Já pensaram nos reflexos de tal situação sobre o processo da aquisição da identidade dessa criança?

Quando a ficção científica se torna realidade, somos confrontados com a inevitabilidade de uma mudança de paradigma, no caso presente, nas relações familiares.

Não obstante, mesmo quando a geração de um novo ser já não depender do intercurso sexual entre seus pais e quando sua gestação já não necessitar do útero materno para nele se processar, ele necessitará ainda do equivalente às funções de *parentagem* para sobreviver e se desenvolver.

A condição neotênica do ser humano, ou seja, seu despreparo para sobreviver pela precariedade de seu equipamento sensório-motor por ocasião do nascimento, talvez venha a ser num futuro mais remoto a ser superada pelo progresso tecnológico, mas este não aposentará a necessidade de contato e convívio com outros seres da espécie para o desenvolvimento físico e emocional dos bebês humanos.

E como será, então, a família de amanhã? Um microcosmos onde se experienciarão novas modalidades de relacionamento humano? Uma espécie de laboratório, onde o respeito à privacidade e a relativização das tendências gregárias do ser humano os manterão protegido da massificação das megalópoles em formação?

E os lares, para que servirão? Serão eles instituições voltadas para fins públicos como foram na antiguidade greco-romana? Ou microcentros de convívio e lazer? Ou ainda substitutos do escritório ou oficina de trabalho, algo como a *cabana eletrônica* de Toffler, cujos *inputs* e *outputs* permitirão o contato e extensão em profundidade com o mundo exterior sem ter-se que sair de casa e onde a atividade laborativa poderá voltar a ser compartilhada por todos os membros da família como o foram no passado nas populações rurais?

Essas são indagações que nos são suscitadas pelos rumos que tomam as mudanças na estrutura familiar acarretadas pelo impacto dos avanços tecnológicos na sociedade contemporânea. Mas, a par dessas transformações que se radicam nas consequências do progresso do conhecimento humano no controle de suas condições físico-ambientais, há um outro nível transformativo que se processa no âmago da natureza humana e que, a nosso ver, articula-se com a mitigação dos impulsos narcísicos do homem e o consequente abrandamento de sua inclinação para o exercício do poder sobre seus semelhantes.

Tanto a maturidade dos indivíduos considerada isoladamente, como a dos grupos e instituições que os formam, repousa sobre a renúncia à condição onipotente original, que é a do bebê que vem ao mundo com a ilusão de que ele e os que o habitam estão aí para servi-lo.

A trajetória em direção ao amadurecimento emocional pressupõe a paulatina aceitação das limitações humanas e a renúncia à fantasia de que somos o centro do universo. A maturidade da família e sua evolução em direção a ela alicerça-se em postulados similares, ou seja, a instituição familiar tende a evoluir para níveis mais satisfatórios de interação entre seus membros e uma maior aproximação à sua destinação histórica na medida em que, gradativamente, possamos abrir mão do primado da posse e domínio de uns sobre os outros no contexto familiar, ou seja, na medida em que aceitarmos que o universo familiar é uma realidade vivencial compartilhada por todos em relações de reciprocidade e mutualidade. Para usufruí-lo em toda sua plenitude é preciso renunciar à fantasia de que ele, o universo familiar, nos pertence ou só existe para atender nossas necessidades e desejos.

Por outro lado, assim como o bem-estar psicossocial do indivíduo está intrinsecamente vinculado à aceitação de sua finitude, o bem-estar familiar é indissociável da aceitação de que a família é um grupo fadado a dissolver-se tão logo cumpra suas funções de ensejar a constituição de novas famílias, estabelecendo um *continuum* de unidades sociais que permitam a perpetuação da sociedade através de suas células-mater. A família que aceita sua finitude permite, *ipso facto*, o crescimento individual, a autonomia e a diferenciação de seus membros e torna-se mais apta a desenvolver-se satisfatoriamente dentro dos limites previsíveis de sua ação e existência, ao passo que a família que nega sua transitoriedade e mantém seus membros aglutinados numa perene disposição à possessividade uns dos outros deixa de funcionar como um continente adequado para a definição e manutenção das diferenças humanas e com isso estiola seu papel cultural e adoece como organismo social.

A aceitação por parte dos pais de que não são donos do destino dos filhos e que é inevitável sua perda pelo crescimento e disposição a formar novos e distintos núcleos familiares, e a correspondente aceitação por parte dos filhos de que não podem deter o envelhecimento dos pais nem assegurar sua onipresença protetora são condições básicas para balizar a maturidade de um grupo familiar.

Na obtenção dessas condições reside não só o maior desafio à família do futuro como também a promessa de sua maior conquista em seu périplo evolutivo através dos tempos.

A família, na qual nada se perde, nada se cria, mas tudo se transforma, para que não pereça e siga, através dos tempos, sendo o continente adequado para acolher nossos anseios e ideais ao longo do périplo existencial, está hoje tão viva como sempre.

A família, no limiar desse novo giro em sua espiral evolutiva, será, quiçá num tempo não muito remoto, o *locus* apropriado às mais legítimas manifestações do instinto gregário do homem: onde a afinidade, e não apenas os laços de afiliação ou consanguinidade, presidirá a relação entre seus membros; onde o sentimento de posse cederá gradativamente seu lugar ao anseio de doação; onde o contrato cível ou religioso entre os casais não prevalecerá sobre o livre e espontâneo vínculo amoroso; onde o direito *sobre* os filhos não terá primazia em relação ao direito *dos* filhos; onde os pais não se sintam em eterna obrigação para com os filhos apenas porque os geraram; onde a responsabilidade e não a culpa seja o elemento básico a regular as relações familiares; onde, enfim, todas essas transformações assinalarão o advento da maioridade social da família, de sorte que o sombrio retrato dela traçado por Capistrano de Abreu — família como um grupo formado por pais soturnos, mães submetidas e filhos aterrorizados — permaneça apenas como a fugidia lembrança de um arquétipo definitivamente ultrapassado.

Referências

Osorio, L. C. (1996). *Família Hoje*. Porto Alegre: Artes Médicas, 1996.

Toffler, A (1983). *Previsões e premissas*. Rio de Janeiro: Record.

▪ CAPÍTULO 3 ▪

TEORIA SISTÊMICA E DA COMUNICAÇÃO HUMANA

> O aparecimento simultâneo de ideias semelhantes independentemente umas das outras e em diferentes continentes era um sistemático indício de uma nova tendência que necessitaria, porém, de tempo para chegar a ser aceita.
>
> (Bertalanffy, cap. 1, Teoria geral dos sistemas, 1967).

Todo o aspirante a se tornar um terapeuta de casais e famílias, logo que entra em contato com esse novo e promissor campo das psicoterapias, é informado que o marco referencial que o sustenta é a *teoria sistêmica* e sua parceira, a *teoria da comunicação humana*. E se quiser entrar em maior intimidade com tais substratos teóricos — o que, aliás, se impõe para quem quiser especializar-se nessa área psicoterápica — terá que ir ao encontro de quem elaborou tais teorias, pois não encontra habitualmente textos condensados que o introduza a tais noções. Esta é a finalidade deste capítulo: apresentar uma resenha dos principais aportes dessas duas teorias, de cuja interação resultou o construto teórico das terapias familiares ditas sistêmicas. Para tal, vamos percorrer brevemente suas origens, fundamentos e conceitos básicos, sempre tendo em vista o propósito já assinalado de trazer das teorias apenas o indispensável para a compreensão dos fatos clínicos na práxis grupal.

Teorias não nascem *ex abrupto* do impulso criativo de mentes privilegiadas. Teorias amadurecem na árvore do conhecimento e seus frutos podem sazonar ao mesmo tempo em galhos diferentes. Ou, para usar outra metáfora, quem sabe mais pertinente ao que aqui queremos destacar, teorias, como as pessoas, têm família: pais, irmãos, tios, avós, que, por vezes, casam com teorias afins e geram hipóteses ou ideias filhas.

A teoria sistêmica é, consensualmente, a mãe da terapia familiar. Há quem sugira que, nesse caso, a psicanálise é a avó, mas só se for pela linhagem paterna, pois *teoria psicanalítica* e *teoria sistêmica* não são consanguíneas.

A *teoria geral dos sistemas* seria, então, a avó materna, cuja filha — abreviadamente chamada *teoria sistêmica* — é seu ramo genealógico voltado para a área *psi* e que veio, por seu turno, gerar a terapia familiar sistêmica, da qual nos ocuparemos mais adiante.

Deve haver quem a esta altura esteja achando que, por estarmos rastreando as origens da teoria que sustenta a prática com os grupos familiares, estejamos abusando da metáfora *família*. É possível, mas, ainda assim, creio ser uma aproximação adequada para discriminar áreas teóricas que, por vezes, se simbiotizam de tal forma na prática clínica que perdem suas identidades originais, confundindo quem se propõe a estudá-las.

Teoria geral dos sistemas

Em 1910, Bertrand Russell, ao elaborar sua teoria dos tipos lógicos, postula não ser possível uma classe (grupo) ser membro de si mesma, assim como um de seus membros não pode ser a classe (grupo), abrindo caminho para a formulação do princípio da não somatividade, uma das pedras angulares da teoria dos sistemas, como veremos a seguir. Segundo esse princípio um sistema (por exemplo, um grupo) não pode ser entendido como a mera soma de suas partes (indivíduos) e os resultados da análise dos segmentos isolados não pode se aplicar ao conjunto como um todo.

A *teoria geral dos sistemas* foi elaborada e sistematizada por Bertalanffy *a* partir da década de 1920. Depois da teoria psicanalítica e da teoria behaviorista, a teoria geral dos sistemas é considerada como a terceira grande contribuição na busca de uma teoria unificada do comportamento humano.

Bertalanffy postulava que a biologia não podia ocupar-se apenas com desvendar o que se passa no nível físico-químico ou molecular, mas sim tratar de observar e compreender o que ocorre nos níveis mais elevados de organização da matéria viva. Criou, então, a expressão *biologia organísmica* para acentuar seu enfoque sistêmico (no caso, relativo aos *organismos vivos*) à aproximação ao estudo dos fenômenos biológicos.

A observação de que havia um isomorfismo entre o modelo estrutural criado por Bertalanffy para o estudo dos organismos biológicos e o que se verificava em outros campos do conhecimento humano, como nas ciências sociais, impulsionou-o a desenvolver uma concepção gestáltica que permitisse abranger o saber emergente nas ciências em geral a partir do vértice fornecido pela noção de *sistema*, ou seja, postulando que, em todas as manifestações da natureza (lato sensu, isto é, tanto a natureza física como a que denominamos natureza humana), encontramos uma organização sistêmica, o que pressupõe não apenas um aglomerado de partes e sim um conjunto integrado a partir de suas interações. Dessa forma, questões tais como ordem, totalidade, diferenciação, finalidade e outras tantas, menoscabadas pela ciência mecanicista, passaram a ter particular relevância no contexto dessa nova orientação epistemológica.

No campo da história (que é a sociologia em ação, como diz Bertalanffy) os acontecimentos já não seriam explicáveis pela referência causal ou em função de decisões e ações individuais, mas sim em decorrência da ação de sistemas socioculturais em interação, sejam eles preconceitos, ideologias, grupos de pressão, tendências sociais, ciclos civilizatórios, e o que mais for.

Vemos como nessa concepção emergente com a teoria geral dos sistemas ganha espaço no âmbito das ciências humanas o *grupo* em detrimento do *indivíduo*, o que determinará a ênfase posta no grupo familiar e não nos seus componentes como foco dos distúrbios mentais, segundo sua abordagem na terapia familiar sistêmica.

Outra linha de desenvolvimento de ideias que veio se articular com a teoria geral dos sistemas foi representada pelo aparecimento, coincidentemente na mesma década de 1940, de três outros aportes, respectivamente, a *cibernética* (Wiener, 1948), a *teoria da informação* (Shannon, & Weaver, 1949) e a *teoria dos jogos* (Neumann, & Morgenstern, 1947).

A *cibernética* é uma teoria dos sistemas de controle baseada na comunicação (transferência de informação) entre o sistema e o meio, bem como no interior do sistema, e na retroalimentação (*feedback*) das funções do sistema pelo meio ambiente.

A *teoria da informação* postula que a informação possa ser medida de organização e a define como uma expressão isomórfica da entropia negativa da termodinâmica. Sendo a comunicação transferência de informação, esta é a pedra fundamental sobre a qual se assenta a teoria da comunicação, que veremos mais adiante.

A *teoria dos jogos* diz respeito ao comportamento dos jogadores supostamente "racionais" para obter o máximo de ganhos e o mínimo de perdas mediante adequadas estratégias contra o outro jogador (ou a natureza).

A *cibernética* tornar-se-ia extremamente popular na ciência, na tecnologia e na publicidade em geral, como assinala Bertalanffy, graças à proclamação da segunda revolução industrial, feita por Wiener a partir da elaboração de suas ideias; mas, como assinala

Bertalanffy "a cibernética, enquanto teoria dos mecanismos de controle na tecnologia e na natureza, fundada nos conceitos de informação e retroação, é apenas uma parte da teoria geral dos sistemas" (1968).

Segundo Kuhn (1962), uma revolução científica define-se pelo surgimento de novos esquemas ou paradigmas conceituais. A mudança fundamental proposta pela teoria sistêmica diz respeito à substituição do modelo *linear* de pensamento científico (padrão causa-efeito) pelo modelo *circular* (padrão interativo). O que isso quer dizer? O princípio fundamental da ciência clássica (mecanicista ou fisicalista), vigente desde os tempos de Galileu e Descartes, apoia-se na procura de uma causa isolável para os efeitos (ou fenômenos) naturais e na procura de unidades elementares (átomos, células etc.) nos vários campos da ciência. Esse princípio determinou os chamados *procedimentos analíticos* da ciência, que entendem que uma entidade pode ser estudada resolvendo-se em partes e, por conseguinte, pode ser constituída ou reconstruída (síntese) a partir dessas partes. Para que essas partes possam ser idealmente isoladas para seu estudo, elas não poderiam interagir, pois tal interação, obviamente, afetaria o conjunto. Por outro lado, as relações entre as partes teriam que ser forçosamente lineares, isto é, uma equação que descreve o comportamento do todo é equiparável às equações que descrevem o comportamento das partes. Essas condições não são satisfeitas pelas entidades chamadas *sistêmicas*, que são constituídas de *partes em interação*. E esse é o principal axioma do paradigma sistêmico.

A teoria geral dos sistemas abriu uma possibilidade de comunicação entre disciplinas que estavam isoladas, como que encapsuladas, em seus universos referenciais. A concepção mecanicista ou fisicalista exigia, para conferir o status científico à determinada disciplina, que ela se adequasse aos postulados da física teórica, tida como a ciência padrão. As leis deterministas, e mais tarde a vertente estatística, com que se procurava ordenar o caos da complexidade desorganizada em que se apresentavam os fenômenos na área da física, acabaram por influenciar tanto a biologia como a psicologia e as ciências sociais. Nem a psicanálise viria a escapar desses condicionamentos ao formular sua tese do determinismo psíquico.

Explicar o universo conforme leis *exatas* e imunes ao subjetivismo dos pesquisadores era o escopo da ciência do velho paradigma linear da causa-efeito. Ao propor a ideia revolucionária de que efeitos podem ser retroalimentadores de suas supostas causas dentro de um sistema e que observadores podem modificar pela via interativa o que estão a observar, criou-se uma novo marco epistemológico para referenciar os estudos para pensar fenômenos tanto na física como na química, na biologia como nas ciências humanas em geral.

A trajetória da ciência contemporânea na direção de uma crescente especialização trouxe como consequência a fragmentação de suas disciplinas em especialidades, cada vez mais dissociadas e isoladas, suscitando a crescente necessidade de princípios básicos interdisciplinares que permitissem a integração dos conhecimentos científicos através das relações de sentido que pudessem ser estabelecidas entre suas distintas áreas de investigação. Essa possibilidade surgiu com a teoria geral dos sistemas, que é, por definição, interdisciplinar.

A noção de sistemas, no entanto, é anterior à teoria que agora tenta descrevê-los e entendê-los. A física convencional trata de sistemas fechados, isto é, sistemas que são considerados isolados de seu ambiente. A termodinâmica, um dos ramos da física clássica, declara expressamente que suas leis só se aplicam a sistemas fechados. O segundo princípio da termodinâmica, no qual Freud baseou-se para a sua formulação da teoria da energia psíquica ou das catexis, enuncia que, num sistema fechado, uma certa quantidade de energia chamada entropia deve crescer até um máximo e, finalmente, o processo para em um estado de equilíbrio. De acordo com esse princípio a tendência geral dos acontecimentos de natureza física é a degradação e dissipação da energia até a chamada morte térmica do universo.

Os organismos vivos, por seu turno, são sistemas abertos, em permanente processo de trocas com o meio ambiente e seu modelo não é entrópico e sim evolutivo. Só mais recentemente a física passou a considerar os mecanismos dos sistemas abertos, e a partir deles explicar muitos pontos que ficaram obscuros com o desenvolvimento da área das comunicações (telefones, rádio, radar, calculadoras e, finalmente, computadores). Com base na teoria dos sistemas abertos, a aparente contradição entre a entropia da física e a evolução da biologia desapareceu. Nos sistemas fechados, a entropia é sempre positiva, os processos são irreversíveis e a ordem é constantemente destruída; nos sistemas abertos temos não só a produção de entropia positiva devida a processos irreversíveis, mas também a *importação* de entropia negativa através de moléculas complexas de alta energia livre. Assim, os organismos vivos podem evitar o aumento de entropia positiva e desenvolver-se no sentido de estados de ordem e organização crescentes. E o elemento-chave é a interação sistema/meio ambiente, através do qual ocorre a mencionada *importação* de energia livre.

Vamos agora referir alguns conceitos oriundos ou desenvolvidos pela teoria geral dos sistemas (considerando-se a cibernética e a teoria da informação como incluídas no corpo desta teoria) e que sustentam a teoria sistêmica no campo de suas aplicações *psi.*

Retroalimentação (*feedback*): é a propriedade que define o enfoque circular, que se baseia na reciprocidade dos fatores causais, e que nos diz que cada produto (*output*) de um sistema é um novo aporte (*input*) a este mesmo sistema, com o que, inevitavelmente, o modifica e transforma. Haveria uma *retroalimentação positiva*, que predispõe à mudança, e outra *negativa*, que busca a homeostasia do sistema, sendo ambas interdependentes e complementares (recorde-se que aqui "positivo" e "negativo" não tem a conotação de "bom ou desejável" e "mau e indesejável", mas apenas pontualiza o sentido contrário dos mecanismos referidos). O conceito de *homeostasis* de *Cannon* (1929) é a pedra angular dessas considerações e um dos precursores do pensamento cibernético. Não é demais enfatizar-se que tanto a *estabilidade* como a *mudança* são condições indispensáveis à existência da vida e sua alternância é fator predisponente para o estado de "saúde evolutiva" dos organismos (tanto biológicos como sociais).

A *Caixa Preta:* este é um conceito oriundo do campo das telecomunicações. Essa expressão, tornada de domínio público pela frequente alusão a ela feita por ocasião de acidentes aéreos e a busca de suas causas; originalmente era empregada para certos tipos de equipamentos eletrônicos capturados do inimigo e que resultava perigoso abrir pela possibilidade de conter cargas explosivas. Posteriormente, passou a ser utilizada para identificar aqueles equipamentos eletrônicos que, pela complexidade de seus sistemas, levaram os especialistas a se concentrarem antes nas relações específicas entre suas entradas (*inputs*) e saídas (*outputs*) do que na sua estrutura interna. Metaforicamente, podemos dizer que a mente do indivíduo (e, da mesma forma, o sistema familiar) é como uma caixa preta, a qual podemos examinar através de seus *outputs* (reações emocionais, sintomas, sonhos, atos falhos, associações livres, manifestações transferenciais, atuações) e a relação desses com os *inputs* (atitudes dos familiares e circunstantes, realidade socioeconômica e cultural circunjacente, intervenções do terapeuta), sem que precisemos ingressar na intimidade dos processos intrapsíquicos (estrutura interna) para alterar comportamentos. Como se vê, nesse sentido, as terapias sistêmicas se aproximam das terapias comportamentalistas ou behavioristas.

O *Princípio da Equifinalidade*: em qualquer sistema fechado o estado final é inequivocamente determinado pelas condições iniciais; isso, no entanto, não é o que ocorre nos sistemas abertos, onde o estado final pode ser alcançado a partir de diferentes condições iniciais e por diversos caminhos. A equifinalidade tem suma importância não só para o entendimento dos fenômenos de regulação biológica, mas — o que aqui nos interessa —, no entendimento da multideterminação dos conflitos humanos. O conceito de *trauma psicológico*, tão caro à teoria psicanalítica na explicação etiológica dos distúrbios mentais, não só se modifica pela introdução da noção de trauma repetitivo em substituição ao sucesso traumático único e específico, como passa a exigir, para embasá-lo, a consideração do "como" ocorreu a ação traumática e não apenas *de quem* o infligiu, bem como levar em conta a resposta diferenciada de quem o sofreu.

Totalidade e *não somatividade*: essas duas noções, que estão intrinsecamente relacionadas, são esboçadas na já mencionada teoria dos tipos lógicos de Russell e, por sua vez, alicerçam a teoria gestáltica. Um sistema não pode entender-se como a soma de suas partes, que examinadas isoladamente não permitiriam a compreensão do sistema como um todo. Cada uma das partes de um sistema está relacionada de tal modo com as outras que qualquer alteração numa delas provoca modificações nas outras e no sistema total.

E, assim, chegamos à tentativa de definição do que seja um sistema no campo das relações humanas, o que nos prepara para o tópico seguinte, o exame dos aportes da teoria da comunicação humana.

Um *sistema* psicossocial, como é por exemplo a família, é um conjunto de seres humanos com atributos (capacidade de se comunicar, por exemplo) que interagem e cujas relações mantém a condição do sistema.

Fizemos menção à capacidade de se comunicar como expressão das propriedades de um sistema interpessoal e isso nos remete ao exame das características da comunicação humana, conforme foram descritas pela:

Teoria da comunicação humana

Seguindo com nossa metáfora familiar, vamos agora apresentar-lhes uma prima-irmã da teoria geral dos sistemas e que trata da *comunicação* como *conduta* e por isso esta área chama-se *pragmática* da comunicação, já que os significados constituem o objeto da *semântica*, o estudo dos sinais e da linguagem é feito pela *semiótica* e a transmissão da informação é território da *sintática*.

Se Bertalanffy foi um dos criadores e principal codificador da teoria geral dos sistemas, podemos dizer que Bateson abriu magistralmente o caminho para os estudos da pragmática da comunicação humana com seu trabalho precursor sobre a relação entre a patologia comunicacional e a gênese da esquizofrenia, onde elaborou o conceito do *duplo vínculo* (1956).

A situação de duplo vínculo[1]

A hipótese elaborada por Bateson partiu da observação da comunicação dos esquizofrênicos e da formulação da pergunta

---

[1] Pensamos que *duplo aprisionamento* traduziria melhor em português o *doble bind* original de Bateson, mas a expressão *duplo vínculo* já se consagrou pelo uso, após sua passagem pelo espanhol *doble vínculo*, e por isso a manteremos inalterada neste texto, limitando-nos a fazer esta observação para enfatizar que a situação descrita caracteriza-se pelo "aprisionamento" e não pelo "vínculo" no sentido usualmente tomado para este termo em nossa língua e, particularmente, no campo das terapias grupais (também chamadas por alguns *das relações vinculares*).

inicial, que poderíamos resumir assim: "que condições do processo de socialização do esquizofrênico podem determinar tal forma de comunicar-se, onde predominam metáforas não rotuladas como tais pelo senso comum?"

Bateson sugere que a esquizofrenia é, em essência, o resultado de uma interação familiar, onde ocorrem não propriamente experiências traumáticas específicas, mas padrões sequenciais característicos que levam a experiências vivenciais nas quais o impasse, a ambivalência e a confusão mentais são a consequência de mensagens comunicacionais contraditórias e impossíveis de serem logicamente obedecidas.

Vejamos como isto ocorre acompanhando a descrição de Bateson do que é necessário para que se estabeleça uma situação de *duplo vínculo*:

Primeiro, são necessárias duas ou mais pessoas, das quais uma é designada como a *vítima*. Sejam elas, por hipótese, a criança potencialmente esquizofrênica (vítima) e seus pais. Em seguida o estabelecimento de uma experiência repetida, onde existe uma instrução negativa primária — por exemplo, "não faça isso, senão te castigarei" — e a seguir uma instrução secundária, que contradiz a anterior, nem sempre transmitida por mensagens verbais, mas por meios não verbais (gestos, tom de voz, atitudes) e que corresponde, no exemplo sugerido, a algo como "não me vejas como repressor" ou "não penses que estou querendo te submeter" ou ainda "é por amor que te castigarei". Finalmente, uma terceira instrução negativa que proíbe a vítima de escapar do campo relacional, como: "Não podes te afastar de mim porque me necessitas para tua sobrevivência". Essa instrução final pode não ser explicitada, mas estar implícita no contexto da situação vivencial em questão.

Uma vinheta extraída de minha experiência clínica como psiquiatra de crianças poderá auxiliar a ilustrar mais claramente o que seja uma situação de duplo vínculo ou aprisionamento: a mãe de um menino trazido à avaliação psiquiátrica, previamente instruída de como proceder para facilitar minha entrevista com o menino, posta-se à porta do consultório com o menino à sua frente e, enquanto diz: "Vai, meu filho, vai com o doutor, não tenhas medo; ali na sala tem brinquedos de que vais gostar", apoia suas mãos nos ombros do filho e o retém junto a si, crispando os dedos sob suas clavículas para dar força ao gesto. O menino, para obedecê-la e me acompanhar até a sala de entrevistas, terá que forçosamente desvencilhar-se daquele abraço *a tergo* da mãe e, por seu turno, para obedecer o que a linguagem não verbal da mãe lhe comanda não poderá atender a sua instrução verbal de me acompanhar, ou seja, está *aprisionado* numa situação de duplo vínculo, da qual, por outro lado, não pode escapar pelas contingências do contexto em que está, ou seja, o da consulta psiquiátrica a que veio.

Segundo a proposição de Bateson, é a sequência repetida de situações similares que poderá levar ao longo do tempo à desestruturação esquizofrênica, em razão da falha dos padrões comunicacionais em sua função organizadora do *self*, acarretando conflitos internos de tipificação lógica.

Bateson foi mais além das hipóteses que, a partir do modelo psicanalítico, fez em meados da década de 1940 Frieda Fromm-Reichmann sobre o papel da *mãe esquizofrenogênica*, mas, ainda assim, ficou aquém da noção de circularidade introduzida pela teoria geral dos sistemas e que postularia que, na interação mãe(ou pais)-filhos, tais mensagens contraditórias podem ocorrer nos dois sentidos e, ainda que se suponha que pela estruturação prévia do seu *self*, um adulto não seria tão vulnerável a situações de duplo vínculo impostas pelos filhos (e, consequentemente, não "esquizofrenizaria" por sua ação), essas também poderão afetar, embora em menor grau, comportamentos e sentimentos dos pais. Quem já não presenciou uma mãe exclamando diante de atitudes do filho: "Esta criança ainda vai me deixar louca!"? Atentem para as circunstâncias e não se surpreendam se aí identificarem uma situação de duplo vínculo *proposta* pelo rebento.

Vejamos a seguir um dos axiomas básicos da teoria da comunicação: a *impossibilidade de não comunicar.*

Recordemos que para a pragmática, *comunicação* e *conduta* são sinônimos. Não há uma não conduta; logo, não há uma não comunicação. Por outro lado, toda conduta está inserida num contexto interativo e tem um valor de mensagem, isto é, comunicação.

Mensagem é qualquer unidade comunicacional singular, e uma série de mensagens intercambiadas entre pessoas recebe o nome de *interação*. Falamos de *pautas de interação* quando houver um nível mais complexo ou sofisticado do processo comunicacional.

O indivíduo que está sentado numa poltrona de avião e, ao perceber que alguém está ocupando o assento a seu lado, cerra os olhos e finge estar dormindo para "não se comunicar" está, *malgré lui*, enviando a seu vizinho uma mensagem não verbal que comunica *condutualmente* que não quer comunicar-se *verbalmente*. Sua comunicação condutual dá-se num campo interativo que abarca duas pessoas, no caso, dois passageiros de um mesmo avião. Imaginemos que o passageiro recém-chegado recebeu a mensagem, mas não a decodificou ou não tomou dela conhecimento por não estar com seu aparelho perceptivo conectado para percebê-la e, então, desejoso de entabular conversação (suponhamos que este seja um recurso de que se valha para eludir seu medo crônico de voar) cutuque o braço de nosso pretenso dorminhoco e faça-lhe alguma pergunta "puxa-conversa". O outro abre os olhos, responde monossilabicamente e volta a fechá-los, mantendo seu propósito de "não se comunicar", enviando nova e repetida mensagem desestimuladora. Essa leva o propósito de reforçar a anterior, porventura não detectada pelo *interlocutor*. Das duas, uma: ou nosso insistente passageiro capta a segunda mensagem ou, supondo-se que tenha sua percepção toldada pelo medo de voar, a nega, rejeita e ensaia outra forma de comunicar-se, por exemplo, através de uma conduta ruidosa ou espalhafatosa de quem está à beira do pânico, o que acabará, então, atraindo a atenção do companheiro ao lado, obrigando-o a alterar sua pauta interativa e, se desejar continuar comunicando seu desejo de privacidade, terá que fazê-lo com novas e distintas mensagens, e não apenas "fingindo" que dorme.

Um segundo axioma da pragmática da comunicação humana nos diz que: *toda comunicação tem aspectos referenciais (conteúdo) e conativos (relacionais) de tal forma que os segundos classificam os primeiros e correspondem, por consequência, ao que se chama uma "metacomunicação".*

Podemos nos valer, para ilustrar esse axioma, da já clássica historinha do pai que se queixava à esposa do filho que lhe pedia num telegrama: "Pai, me manda dinheiro!", mensagem lida pelo pai num tom áspero e autoritário, e que, na interpretação da mãe, não alterando os dizeres (conteúdo) do telegrama, mas sim a entonação da voz (aspeto relacional), passou a significar um pedido doce, suave e humilde de um filho necessitado, correspondendo a algo que está "além da comunicação formal" (metacomunicação).

Um terceiro axioma é assim enunciado: *a natureza de uma relação depende da pontuação das sequências comunicacionais entre os indivíduos comunicantes.*

Aqui, o exemplo a que mais comumente se recorre para ilustrar o conteúdo do axioma é o do chiste do rato de laboratório, que afirmava ter condicionado o pesquisador, pois cada vez que pressionava a alavanca este lhe dava de comer. Nos casais a questão de quem disse o que provocou a discussão é outra situação emblemática da pontuação das sequências comunicacionais. "Eu me retraio porque me criticas", diz um dos parceiros; "eu te critico porque te retrais", afirma o outro. E ambos ficam aprisionados numa sequência comunicacional, cuja pontuação só se modificará pela *metacomunicação*, ou seja, a possibilidade de alguém interromper o monótono intercâmbio acusatório e indagar-se (e indagar ao outro) sobre as pautas interativas repetitivas em que estão imersos nesse moto contínuo sem solução. A peça teatral *Quem tem medo de Virgínia Woolf?*, de Albee, quiçá seja um dos mais acabados e completos tratados sobre a incapacidade dos indivíduos comunicantes de sair da situação conflitiva pela impossibilidade de *metacomunicarem-se* sobre o que está ocorrendo.

Vejamos o quarto axioma: *os seres humanos comunicam-se tanto digital como analogicamente. A linguagem digital conta com uma sintaxe sumamente complexa e habilitada a expressar conteúdos de pensamento, mas carece de uma semântica adequada para transmitir o que se passa no campo relacional, ao passo que a linguagem analógica possui a semântica, mas não a sintaxe apropriada para a definição inequívoca da natureza das relações.*

O que seria a comunicação analógica? A resposta é: tudo o que seja comunicação não verbal. E a digital? É a constituída por expressões verbais, que são sinais arbitrários que se manejam de acordo com a sintaxe lógica da linguagem.

A comunicação analógica tem suas raízes em períodos arcaicos da evolução humana e é a empregada pelos animais para se comunicarem. O homem é o único ser que utiliza tanto os modos de comunicação analógicos como digitais. No exemplo da mãe que fazia um movimento de retenção do corpo do filho junto ao seu (linguagem analógica) enquanto verbalmente lhe indicava que deveria ir comigo à sala de entrevistas (linguagem digital), podemos ver claramente como o aspeto relativo aos conteúdos se transmite de forma digital, enquanto o aspeto relativo à relação aparece sob a forma analógica.

No campo da fisiologia podemos encontrar a linguagem analógica na condução das mensagens hormonais, enquanto o sistema nervoso utiliza-se da informação digital binária para transmitir suas mensagens através da rede neuronal. E ambas as modalidades — hormonal e neuronal — coexistem e se complementam, tal qual no âmbito da comunicação interpessoal.

Um quinto e último axioma é assim formulado: *todos os intercâmbios comunicacionais são simétricos ou complementares, conforme estejam baseados na igualdade ou na diferença.*

A interação simétrica caracteriza-se pela igualdade e por uma diferença mínima no comportamento dos indivíduos comunicantes, enquanto a complementar caracteriza-se pela diferença máxima nesse comportamento.

Graficamente, podemos assim expressar *simetria* e *complementariedade*:

Na patologia comunicacional, encontramos as denominadas *escaladas simétrica* e *rigidez complementar* como expressões limites dessas tendências comunicacionais. Assim, um casal que está competindo para ver quem manda em casa apresenta um comportamento simétrico em escalada, enquanto um casal no qual um é quem manda e o outro o que obedece está evidenciando um comportamento complementar rigidificado.

A saúde comunicacional apoia-se na alternância de situações simétricas e complementares, de tal sorte que igualdades e diferenças possam coabitar e se potencializarem mutuamente.

Queríamos fazer referência, para finalizar esta breve incursão no estudo da comunicação humana, a duas observações decorrentes da teoria acima aludida e que nos parecem de suma importância prática por suas repercussões no campo das interações humanas.

A primeira diz respeito à relativização dos conceitos de *normal* e *patológico*, quando se os considera à luz da interação comunicacional: assim, a esquizofrenia deixaria de ser visualizada como uma enfermidade mental incurável e progressiva de um indivíduo para se constituir na única reação possível frente a determinado contexto comunicacional absurdo e insustentável. Esse enfoque por certo é polêmico e, por sua vez, poderá se tornar insustentável diante das evidências clínicas de um processo esquizofrênico que não pode ser modificado a posteriori pela correção dos distúrbios comunicacionais, mas não há como negar que abriu um novo espaço para ensaios terapêuticos fundamentados nos aportes da teoria da comunicação ao entendimento das interações humanas.

A segunda refere-se ao conceito de *profecia autocumpridora*, um interessante fenômeno no campo da pontuação e que está na origem de muitos sofrimentos psíquicos no exercício da interatividade humana. Assim, por exemplo, um indivíduo que, julgando-se mal querido por determinada pessoa, quando a encontra o faz de forma defensiva, ressentida ou mesmo agressiva, provocando nessa pessoa uma resposta de rechaço ou hostilidade, observa: "Eu não disse que ele não gosta de mim?!". está assim corroborando sua impressão original através do mecanismo denominado *profecia autocumpridora*. Podemos encontrar, como assinala Watzlawick (1967), um interessante uso cultural dessa modalidade comunicacional nas atividades dos casamenteiros profissionais em comunidades de famílias judias orientais, em que esse "expert" em promover os casamentos que interessassem às famílias que o contratavam iam de um a outro dos prováveis cônjuges alimentando-os de informações sobre os supostos interesses recíprocos, dizendo-lhes "confidencialmente" do amor que cada um despertava no outro, mas que cada qual não se atrevia a manifestar. Tais profecias não tardavam a cumprir-se, conforme a tradição.

Teoria sistêmica e terapia familiar

> Os conceitos-chave do pensamento sistêmico têm a ver com a totalidade, a organização e a padronização. Os eventos são estudados dentro do contexto no qual ocorrem e a atenção é focalizada nas conexões e relações, mais do que nas características individuais. As ideias centrais dessa teoria são as de que o todo é considerado maior do que a soma de suas partes; cada parte só pode ser entendida no contexto do todo; uma mudança em qualquer uma das partes afeta todas as outras partes e o todo se regula através de uma série de correntes de *feedback* que são classificados como circuitos cibernéticos. A informação viaja para frente e para trás dentro dessas correntes de *feedback*, a fim de fornecer estabilidade ou homeostase ao sistema. As partes estão constantemente mudando, a fim de manter o sistema balanceado (como um equilibrista que constantemente transfere seu peso para manter o equilíbrio). O sistema geral mantém sua forma na medida em que o padrão de ligação entre as partes se modifica. Este conceito de padronização e organização circular, em oposição à descrição individual e à explanação linear, tornou-se a base sobre a qual a terapia familiar se apoia. (Papp, 1992).

Cremos que não haveria melhor maneira de introduzir o leitor à essência do pensamento sistêmico como arcabouço da terapia familiar do que a citação dessa muito bem apanhada síntese que P. Papp nos faz em seu livro *O Processo de Mudança*. Até aí, a leitura da sustentação teórica. Mas e a demanda clínica, de onde veio?

Os pacientes de difícil acesso sempre foram os mobilizadores de inéditas tentativas de abordagem técnica inspiradas em novos paradigmas teóricos. Isso desde que Freud passou a empregar o seu método de investigação das motivações inconscientes em substituição à hipnose no tratamento de pacientes histéricas.

Os pacientes psicóticos, incapazes, segundo Freud, de estabelecer a *neurose de transferência*, via régia para a cura psicanalítica, eram o grande desafio a ser enfrentado por novos paradigmas teórico-técnicos. E, não por acaso, foi justamente o estudo da comunicação nos esquizofrênicos, bem como a hipótese de que as manifestações psicóticas são o emergente de uma disfunção no sistema familiar dos indivíduos que as apresentam, a pedra de toque para a mudança paradigmática ensejadora da criação da terapia familiar sistêmica.

Famílias já eram atendidas com o referencial psicodinâmico quando o chamado grupo de Palo Alto, na costa oeste dos Estado Unidos, sob a inspiração da mente criadora de Bateson, *passou* a aplicar sua hipótese do duplo vínculo como ferramenta psicoterápica, através do que mais tarde seria designado como *instrução paradoxal* ou *prescrição de sintomas.*

Ackerman, considerado o pai da terapia familiar, desde a década de 1940, no outro lado do continente americano, trabalhava com famílias, mas apoiado na teoria psicanalítica.

Podemos tomar como marco inicial da teoria sistêmica e da comunicação humana aplicadas à compreensão dos fenômenos mentais o já mencionado trabalho de Bateson sobre o duplo vínculo, em 1956 (no qual colaboraram também Jackson, Haley e Weakland, figuras de proa no estudo dos fenômenos interacionais da família); mas foi a partir do surgimento do livro de Watzlawick, Beavin e Jackson (todos eles também do grupo de Palo Alto) intitulado *Pragmática da Comunicação Humana*, em 1967, que se delinearam as postulações básicas que fundamentariam a terapia familiar apoiada nesse novo modelo epistemológico.

Nesse espaço de tempo, e sem que suas linhas de investigação se entrecruzassem, foram aparecendo trabalhos, em distintos pontos do território norte-americano, cujas conclusões convergiam para um novo enfoque da família em termos sistêmicos, aportando conceitos tais como o de *homeostasia família* (Jackson), *mitos familiares* (Ferreira), *pseudomutualidade* (Wynne) *e trans-*

missão geracional da irracionalidade (Lidz). Esses e outros artigos da época foram compilados por Sluzki (psicanalista argentino que depois se incorporou ao grupo de Palo Alto) num volume publicado em espanhol e intitulado *Interação Familiar*.

Mas, sem dúvida, a grande e mais significativa contribuição ao campo da terapia familiar sistêmica surgiria, a partir da década de 1970, com o chamado grupo de Milão (Palazzoli, Boscolo, Cecchin e Prata) e, sobretudo, sua interação posterior com terapeutas norte-americanos que, tanto na costa oeste como leste, vinham pesquisando e produzindo novas e sempre polêmicas abordagens técnicas da família a partir do referencial sistêmico.

As escolas de terapia familiar sistêmica multiplicaram-se, e não só as posições teóricas como a práxis de seus cultores vieram a se constituir numa verdadeira torre de Babel. Já nas origens Bateson e Haley *divergiam* abertamente, criando uma contradição marcada entre a vertente manipulativa da abordagem de Haley e a neutralidade sistêmica de Bateson.

As primeiras correntes da terapia familiar padeciam do enfoque *homeostático* da chamada *primeira cibernética*, que entendia o sintoma como tendo um importante papel na manutenção da homeostasia familiar e o privilegiava como porta de entrada ao sistema, preconizando sua prescrição como forma de provocar a mudança no mesmo, e, de certa forma, reproduziam a *linearidade antissistêmica*, pois, ao propor a prescrição do sintoma, conotavam negativamente a posição dos demais membros da família e, implicitamente, continuavam a lhes imputar a condição de culpados pela conduta do paciente.

A grande e inovadora contribuição da escola de Milão foi a conotação positiva, que resgatava a circularidade cibernética e a neutralidade sistêmica preconizada por Bateson. Sua constatação foi que a divisão maniqueísta da família entre o *bom* paciente e seus *maus* familiares acabava por impedir a visualização da família como um sistema, o que os levou a conotar positivamente, a partir de então, não só o comportamento do paciente sintomático mas também o dos demais membros da família.

O grupo de Milão foi também responsável por algumas inovações na técnica, como a institucionalização da colocação de um ou mais terapeutas atrás do espelho unidirecional. Ali, ao lado de Milão, em Roma, outra figura de destaque na terapia familiar destacava-se, mais do que como teórico, por seu talento clínico e iniciativas como formador de novas gerações de terapeutas. Seu nome: Andolfi.

Com o advento da chamada *segunda cibernética* através dos trabalhos de Foerster, Maturana e Varela, em 1981, que pôs por terra o mito da objetividade da observação científica, postulando que o pesquisador entra na descrição do que é pesquisado, consolidou-se a premissa do enfoque circular sistêmico e, na práxis clínica dos terapeutas de Milão, isso traduziu-se pela crescente aplicação do que chamaram *questionamento circular*, ou seja, uma série de perguntas dirigidas ao grupo familiar, criando retroalimentações mutuamente causais e fragmentos de comunicação não linear. Por exemplo, se estiver em pauta o grau de intimidade do paciente identificado com seus pais e irmãos, pode-se dirigir a um desses a pergunta: "Você acha que seu irmão (o paciente identificado) se dá melhor com seu pai ou sua mãe?". Em sequência, outras perguntas associativas dirigidas aos vários membros da família: "E você, o que pensa sobre de qual filho seu pai está mais próximo?"; "E seu filho mais velho está mais distante do (paciente identificado) ou de sua irmã?; "Parece-lhe que sua mãe ficou mais próxima ou mais distante de seu pai depois que nasceu seu irmão?", e assim por diante. Essa técnica de entrevista estaria baseada na premissa de que os sistemas vivos se constituem em formações em círculos e não por sequências lineares (padrão causa-efeito).

O passo seguinte foi a inclusão do profissional como se fora um membro da família. Se os consultores do outro lado do espelho unidirecional prescreverem, por exemplo, uma atitude que vise manter a homeostasia do sistema, o terapeuta estará livre para discordar deles e aumentarão as chances de que a família possa se aliar ao terapeuta para provar que os consultores estão equivocados.

Outra consequência dos movimentos técnicos decorrentes da segunda cibernética foi a mudança do caráter paradoxal de algumas proposições (por exemplo, a ideia contida na conotação de que o sintoma era algo necessário para a homeostasia familiar), ensejando uma aproximação a um conteúdo mais lógico e menos irreal das intervenções dos terapeutas.

Mas a evolução da terapia familiar sistêmica não se deteve aí. Confundindo-se com a segunda cibernética aparece o *construtivismo*, corrente epistemológica inserida no contexto do chamado pensamento pós-moderno, que pontua a desconstrução dos conceitos de racionalidade, objetividade e progresso, tão caros às aspirações modernistas de uma ciência unificadora e hegemônica. E, por sua vez, como desdobramento, e, ao mesmo tempo, contraponto ao construtivismo, surge o *construcionismo social*, segundo o qual a realidade é um construto que só pode ser entendido a partir das relações sociais e da diversidade histórico-cultural. Segundo Gergen, o construtivismo está ligado ainda à tradição ocidental do individualismo, na medida em que descreve a construção do saber a partir de processos intrínsecos ao indivíduo, enquanto o construcionismo social postula que a construção do mundo não se situa no interior da mente que observa, mas no âmago das diversas formas de relação social.

Uma das decorrências desse enfoque foi a revalorização das "narrativas pessoais" em terapia de famílias (Di Nicola) e uma atitude mais reflexiva e atenta em relação às peculiaridades de cada contexto sociocultural onde se dão os movimentos dos indivíduos e seus sistemas familiares.

Para finalizar, lancemos um olhar retrospectivo e crítico sobre a aplicação da teoria sistêmica à abordagem dos problemas familiares. Parece-nos que, ao longo desses anos em que ocorreu o *boom* do enfoque sistêmico e sua aplicação às terapias familiares, houve, entre os terapeutas, mais deslumbramento com a possibilidade de construir interações revolucionárias no e com o sistema familiar do que em corresponder à expectativa das famílias em solucionar seus conflitos ou ao menos tê-los mitigados. O questionamento circular, como antes a prescrição dos sintomas ou mesmo sua conotação positiva, a meu ver, são antes pirotecnias sistêmicas do que recursos de real valor no alívio dos padecimentos dos indivíduos e suas famílias. A duração de seus efeitos é questionável e, talvez, na imensa maioria das situações, são eles tão evanescentes quanto a imagem dos fogos de artifício, que deslumbram, mas que permanecem apenas como um resíduo mnêmico em nossas retinas.

Já há, no entanto, entre os terapeutas sistêmicos, uma crescente conscientização de que precisam revisar o suporte epistemológico da abordagem psicoterápica que propõem, por enquanto alicerçada predominantemente numa nova e, sem dúvida, muito atraente modalidade de técnica de entrevistas, mas carecendo ainda de uma melhor fundamentação de sua ação terapêutica, bem como do exame comparativo com os resultados obtidos por técnicas de outras procedências e da análise conscienciosa e reiterada do *follow up* dos casos atendidos.

Numa visão prospectiva, poderíamos ir mais além da teoria sistêmica e, partindo da premissa de que a *espiral ascendente* e não o *círculo* é o modelo que caracteriza o movimento evolutivo do universo, visualizar as mutações, quer biológicas como psicossociais, não como aleatórios "acidentes" de percurso e sim como movimentos previsíveis no curso de uma trajetória evolutiva, sendo tais mutações os marcadores dessa trajetória. Isso traria, como via de consequência para nossa tarefa de terapeutas, a necessidade de questionarmos nossas ações intervencionistas de cunho geralmente onipotente e assumirmos uma postura antes catalisadora que indutora de mudanças. Esse é o nosso papel ao ingressarmos no sistema familiar, do qual seremos certamente expelidos se animados pela pretensão de alterar o curso natural de sua trajetória. Podemos acelerá-lo com nossa ação catalisadora, acionar o que estava bloqueado pela inércia homeostática, mas não o modificar e nem o interromper.

As repercussões dessa transformação de premissa do plano bidimensional (círculo) para o tridimensional (espiral ascendente), não só na técnica de entrevistas como no processo psicoterápico propriamente dito, serão oportunamente abordadas no correr destes textos.

Referências

Bateson, G. (1972/1985). *Pasos hacia una Ecologia de la Mente.* Buenos Aires: Ediciones Carlo Lohlé.

Bateson, G., Jackson, D. D., Haley, J., & Weakland, J. (1956). Toward a theory of schizophrenia. *Behavioral science, 1*(4), 251-264.

Bertalanffy, von L. (1968). *Teoria geral dos sistemas.* Petrópolis: Editora Vozes.

Boscolo, L., Cecchin, G., Hoffman, L., & Penn, P. (1993). A terapia familiar sistêmica de Milão: conversações sobre teoria e prática. *Porto Alegre: Artes Médicas.*

Di Nicola, V. (1998). *Um estranho na família: cultura, famílias e terapia.* Porto Alegre: Artmed.

Elkaïm, M. (1998). *Panorama das terapias familiares.* São Paulo: Summus Editorial, 1998.

Gergen, K. J. (1994). *Reality and Relationships: Soudings in Social Construction,* Cambridge: Harvard University.

Papp, P. (1992). *O processo de mudança.* Porto Alegre: Artes Médicas.

Soar Filho, E. J. (1998) Novos Paradigmas do conhecimento e a psicologia pós-moderna, *Rev. do CEP*, 5.

Sluzki, C. (Org.). (1971). *Interacción familiar*. Buenos Aires: Tiempo Contemporáneo.

Watzlawick, P., Beavin, J., & Jackson, D. (1967/1971). *Teoria de la Comunicación Humana*. Buenos Aires: Tiempo Contemporáneo.

Whitehead, A. N., & Russell, B. (1910-13). *Principia Mathematica*. Cambridge: Cambridge Univ. Press.

Observação: Este capítulo, assim como foi apresentado acima, é uma atualização do capítulo de igual título contido no livro de minha autoria, publicado pela Artesã Editora, intitulado Grupos: teorias e práticas e se aqui foi reproduzido é porque revelou-se de utilidade em nossos cursos de especialização para terapeutas de famílias, pela inexistência de textos em língua portuguesa que sumarizem as referidas teorias com o objetivo de apresentá-las aos neófitos. A finalidade de sua inclusão, portanto, é de ordem predominantemente didática, uma vez que, como se pode inferir da temática apresentada no sumário, está ela particularmente vinculada com nossa experiência nos referidos cursos.

CAPÍTULO 4

EN (A) TENDENDO FAMÍLIAS

Para que eu possa situá-los quanto à maneira como entendo e atendo famílias hoje, é preciso que me detenha num breve relato de minha trajetória profissional.

Tendo concluído minha especialização em clínica psiquiátrica em meados da década de 1960 — e já direcionando meu interesse para o atendimento de crianças e adolescentes —, iniciei minha formação analítica nos clássicos moldes das instituições filiadas à IPA (International Psychoanalytical Association). Paralelamente, desenvolvia uma já intensa atividade como grupoterapeuta de adolescentes e adultos jovens. Logo, desde os primórdios, estive direta ou indiretamente trabalhando com famílias, tendo como referencial teórico-técnico a psicanálise.

No decorrer dos anos 1970, fiz uma formação em psicodrama psicanalítico, parte da qual ocupou-se com temas vinculados ao atendimento de casais e famílias com a referida técnica.

No alvorecer dos anos 1980, passei a atender casais, utilizando-me dos referenciais psicanalítico e psicodramático mencionados, aos quais, em seguida, veio se acrescentar o sistêmico, com o qual entrei em contato mais estreito durante cursos realizados no Istituto di Terapia Familiare, de Roma, dirigido por M. Andolfi.

Em virtude do crescente compromisso com atividades docentes junto ao Instituto de Psicanálise da sociedade a que pertencia, e no qual assumira a função de analista didata, não intensifiquei, como pretendia ao regressar de Roma, meu trabalho com famílias, o que só veio a ocorrer no último lustro dos anos 1990, quando, tendo me afastado da instituição psicanalítica e das funções didáticas que nela exercia, centrei meu interesse clínico e especulativo no trabalho com grupos, em geral, e com casais e famílias, em particular.

Minha primeira experiência no que depois caracterizaria como uma intervenção no subsistema pai-filho ocorreu ainda nos anos 1960, no exercício da clínica privada como psiquiatra de adolescentes. Certa ocasião, ao abrir a porta do consultório que dava acesso à sala de espera, deparei-me com pai e filho aguardando a hora solicitada pelo primeiro para o atendimento do segundo e, intuitivamente, senti que queriam entrar juntos para conversar comigo. Quebrando as regras então instituídas para o atendimento psicoterápico de adolescentes, ou seja, primeiro ouvir os pais e depois o paciente identificado, oportunizei a grata experiência de realizar um breve, porém profícuo, atendimento intergeracional, no qual a tônica era a busca de um elemento catalisador para processar uma comunicação interativa, por ambos muito desejada, mas que ficara bloqueada por certas circunstâncias alheias a suas vontades.

Essa inesperada intervenção terapêutica ficou-me como o germe de uma futura disposição para atender situações familiares sem a camisa de força de modelos teórico-técnicos, que, embora propostos para balizar nossa experiência clínica, acabam por tolher nossa espontaneidade e coartar a disponibilidade empática, sem a qual desumanizamos nossa atividade psicoterápica.

A família como sistema humano

A teoria sistêmica tem focado a família segundo a ótica do pensamento circular, que postula ser ela regida pelos mecanismos de retroalimentação ou *feedback* entre seus membros; mas o que quero aqui pontuar é a contextualização da família como grupo ou sistema humano e, portanto, evidenciando em seu funcionamento todos os fenômenos, mecanismos ou vicissitudes que comparecem na dinâmica de todo e qualquer grupo ou sistema humano.

A primeira inferência desse enfoque é que o entendimento — e, consequentemente, o atendimento — do grupo familiar se enriquece e amplia com o aporte dos conhecimentos oriundos de outras disciplinas geralmente não referidas na formação dos terapeutas de famílias, tais como a dinâmica de grupos e a teoria dos grupos operativos.

Como já discutimos amplamente em obra anterior (*Família Hoje*, 1996), a família é tida como o grupo ou sistema humano primordial. Mas o que se está aqui a entender por sistema humano?

Sistema humano é, em nosso entender, *todo aquele conjunto de pessoas capazes de se reconhecerem em sua singularidade e que estão exercendo uma ação interativa com objetivos compartilhados.* Esse conceito hoje para nós confunde-se com a própria noção do que seja um *grupo* humano, pois o referencial que o caracteriza é a *interação* entre seus membros. Portanto, empregamos aqui as expressões grupos e *sistemas humanos* como equivalentes.

Há que se levar em conta que esse é um *conceito operativo*, ou seja, serve ao propósito de auxiliar-nos na discriminação de um novo paradigma grupal, onde as noções de *sistema* e *humano* adquirem novos significados para pontuar a configuração metabolizadora do grupo como doador de sentido e agência de atividades transformadoras no processo social de humanização. Em síntese, trata-se de uma ressignificação da expressão acoplada *sistema humano* a partir de uma visão prospectiva do potencial das inter-relações pessoais nesta era da grupalidade que se avizinha ou em que já estamos vivendo, ainda que disso não nos apercebamos.

Para tornar mais clara essa concepção de sistemas humanos que referimos anteriormente, vamos nos valer de uma situação hipotética ilustrativa:

O conjunto de pessoas que viajam num ônibus não são um grupo ou sistema humano no sentido aqui referido. Podem ter um objetivo compartilhado (chegar a seu destino), mas não se reconhecem em sua singularidade e nem interagem coletivamente (se o fazem, é cada qual com seu vizinho de poltrona).

Agora, se o ônibus sofre um acidente, então podemos ter a constituição de um grupo com um objetivo compartilhado, interações em busca desse objetivo e os passageiros podendo se reconhecer em sua singularidade. Vamos exemplificar começando por esse último tópico: o acidente vai pondo à mostra as peculiaridades do funcionamento de cada indivíduo em sua inserção grupal. Assim, temos, por exemplo, o *corajoso altruísta* (que, arriscando a própria vida, tenta salvar a dos demais passageiros, tomando um extintor de incêndio e tentando apagar o incêndio que se inicia nas proximidades do tanque de combustível); o *covarde egoísta*, que foge para o mato com medo de que o ônibus pegue fogo; o *provedor de ajuda*, que procura atender e amparar os passageiros feridos; o *buscador de ajuda*, que vai para a estrada deter outros carros e solicitando socorro; o *pragmático providenciador*, que sai em busca de um telefone para chamar a polícia rodoviária e solicitar uma ambulância; o *que se deixa tomar pelo pânico* e fica paralisado; o *histérico*, que se põe aos gritos, não ajuda ninguém e ainda demanda ajuda; e assim por diante.

O grupo que se constitui visando o atendimento dos acidentados incluirá o médico, enfermeiros e outros circunstantes que venham prestar socorro, embora exclua os que, por suas singularidades, impedem-se de o prestar. Consequentemente, do conjunto de pessoas que originalmente viajavam no ônibus, nem todos formam parte do grupo ou sistema humano que se constitui em torno à referente interação grupal.

Nesse sentido, famílias, grupos terapêuticos, empresas, instituições de ensino, organizações não governamentais etc. são distintas modalidades de agrupamentos de pessoas que podem ou não funcionar como sistemas humanos, na acepção considerada acima.

É certo que numa família seus membros se reconhecem em suas singularidades e interagem ou se comunicam, mesmo quando não o queiram, como postula o axioma da teoria da comunicação humana..., mas, e quanto a terem objetivos compartilhados?

O objetivo compartilhado pelo grupo familiar é o de constituírem seus membros uma matriz ou rede continente para sua proteção recíproca e seu desenvolvimento físico e emocional. A circunstância de que esse objetivo não se concretize no cotidiano da vida familiar não significa que não seja ele o escopo imanente de toda e qualquer família enquanto sistema humano.

Marcos referenciais teóricos utilizados para entender e atender sistemas humanos

Indubitavelmente, a psicanálise, com seu aporte à compreensão das motivações inconscientes da conduta humana, forneceu substrato indispensável para quem se proponha a entender o que se passa no campo das interações humanas. Não obstante, o entendimento dos fenômenos grupais sempre esteve a demandar novas contribuições epistemológicas que privilegiassem o enfoque do que é peculiar ao campo grupal. Assim, desde os aportes de K. Lewin ao estudo da dinâmica dos grupos humanos até as mais recentes contribuições ensejadas pela mudança paradigmática que originou a teoria sistêmica, enriquecidas pelos estudos sobre a comunicação humana, a teoria dos papéis (J. L. Moreno), a teoria dos vínculos e a relação dos grupos com a realização das tarefas a que se propõem (Pichon-Rivière), bem como através da leitura, em um contexto evolutivo-prospectivo, dos processos grupais, foi se constituindo toda uma nova disciplina, que poderíamos denominar *psicologia grupal*, já não mais apoiada em um único referencial teórico-técnico, mas na inter-relação e intercâmbio de conhecimentos oriundos dessa distintas instâncias epistemológicas. Sendo a *família* um grupo ou sistema humano, também para sua abordagem terapêutica contribuiriam tais aportes.

Atualmente, utilizamos para nossa abordagem compreensiva e operativa dos sistemas humanos os seguintes referenciais, identificando o que entendemos ser a contribuição prevalente oriunda de cada um deles:

- da *Dinâmica de Grupos* obtemos as noções básicas de campo grupal, das distintas formas de liderança e do exercício da autoridade;
- da *Psicanálise*, sua teoria dos afetos e a compreensão das motivações inconscientes das ações humanas;
- da *Teoria dos Vínculos e dos Grupos Operativos*, a forma de discernir os objetivos (tarefas) dos grupos e o modo de abordá-los operativamente, a partir dos vínculos relacionais;
- do *Psicodrama*, a visualização dos papéis designados no cenário dos sistemas humanos e a utilização do *role-playing* como ferramenta operacional;
- da *Teoria Sistêmica*, a possibilidade de perceber e discriminar o jogo interativo dos indivíduos no contexto grupal e, a partir dessa percepção, catalisar as mudanças possíveis no sistema, trabalhando com os elementos fornecidos pela *teoria da comunicação humana* no sentido de esclarecer os "mal-entendidos" e desfazer os "nós comunicacionais" que obstaculizam o fluxo operativo.

A par dessa utilização dos aportes teórico-técnicos existentes, trazemos nossa contribuição pessoal no modo como fazemos a leitura do processo grupal, no qual a metáfora evolutiva referencial que utilizamos é a da *espiral ascendente*, sempre focada no elemento prospectivo do processo, onde o destino e não apenas as origens (como o faz a abordagem de inspiração unicamente psicanalítica) nos servem de orientação para o atendimento que propomos.

Não há como deixar de pôr ênfase, por seu transcendente significado, no surgimento, em meados do século XX, do *paradigma circular*, padrão *retroalimentação* (*feedback*), fundamento epistemológico da teoria sistêmica, e que veio corrigir as distorções do *paradigma linear*, padrão *causa-efeito*, que norteava as ciências em geral, e as humanas em particular, até meados do século XX.

Esse novo paradigma afetou indistintamente todas as áreas do conhecimento humano e ensejou o surgimento de um outro nível ou modelo de pensar que amplia o entendimento dos fenômenos estudados.

Graficamente, podemos expressar esses dois paradigmas epistemológicos (*que não são excludentes, mas se complementam*) assim:

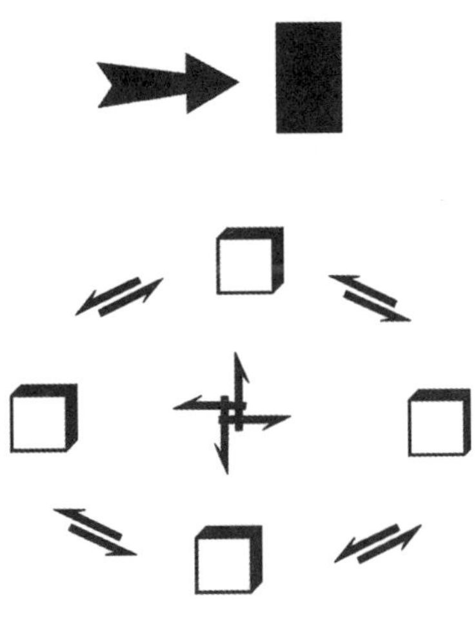

A ideia central do pensamento sistêmico é que o todo é considerado maior do que as partes e, por outro lado, não pode ser com elas confundido; cada parte só pode ser entendida no contexto do todo. Uma mudança em qualquer uma das partes afeta todas as outras partes, que, por sua vez, afetam a parte alterada pelo mecanismo de retroalimentação ou *feedback*. Num sistema, seja ele uma família ou uma organização empresarial, não há como isolar e manter livre de influências dos demais qualquer um de seus membros ou setores.

Entendendo os sistemas humanos

Qualquer sistema social, seja ele um casal, uma família, um grupo terapêutico ou uma instituição, não é um mero somatório de individualidades. Isso o sabíamos mesmo antes do advento do paradigma sistêmico, mas tê-lo em conta na práxis de nossas atividades grupais nem sempre é tão óbvio quanto se poderia supor.

A noção de que um sistema não é a mera soma de suas partes corresponde ao chamado *princípio da não somatividade*, que é uma das pedras angulares da teoria dos sistemas. O conceito psicológico de *gestalt* deriva-se desse princípio e sinaliza a importância de considerar-se o grupo como uma entidade peculiar, cujo perfil psicodinâmico não pode ser simplistamente reduzido à resultante dos vetores psicológicos de seus componentes.

Logo, os grupos ou sistemas humanos têm sua dinâmica própria e leis inerentes a seu funcionamento. Não podemos compreendê-los tão somente a partir da dinâmica intrapsíquica de seus membros. Não obstante, é a partir de certas características psicológicas dos seres humanos, e que se manifestam em suas interações sociais, que procuramos entender o funcionamento grupal. Não podemos é supor ingenuamente que se possa abarcar todo o universo das manifestações e vicissitudes das atividades grupais apenas sob a ótica da psicanálise: essa, como as demais abordagens propostas pelos estudiosos do comportamento social dos seres humanos, é apenas uma das inúmeras vias de entrada à compreensão dos processos grupais.

O fenômeno que centraliza a atividade de qualquer agrupamento humano é a *interação* entre seus componentes. Na dinâmica dessa interação é que temos que focar nosso interesse especulativo, independentemente do vértice teórico sob o qual nos posicionemos, para compreender a atividade grupal dos seres humanos.

A psicanálise, enquanto processo terapêutico, era uma via de mão única e a *transferência* monitorava o trajeto por ela. Pouca importância se dava até meados dos anos 1950 à *contratransferência*, que viria instalar a mão dupla ou a interatividade no processo analítico. Essa interatividade é, por sua vez, a pedra de toque da terapia familiar de base sistêmica e seu principal suporte enquanto prática clínica.

Atualmente, meu enfoque do atendimento a sistemas humanos, sejam quais forem eles, privilegia o desenvolvimento de mecanismos interativos e o estímulo a que esses sistemas busquem seus desideratos a partir de seus próprios potenciais, nunca desqualificando sua trajetória prévia, quando esta exista, mas sempre propondo um olhar prospectivo. Hoje me situo antes como um *catalisador dos processos grupais* ou *facilitador de interações* do que na posição tradicional do *terapeuta ou coordenador de grupos,* que não só centraliza as ações grupais, como ocupa, mesmo quando não o pretenda, o lugar do suposto saber.

Por vezes, para ilustrar o modo como atualmente trabalho com sistemas humanos, me utilizo de uma metáfora, comparando a liberação do conhecimento que o próprio grupo tem a respeito de si mesmo e de seus objetivos ao modo como se descasca uma fruta para liberar o seu sumo. Cada fruta tem o seu sabor próprio e que só poderá ser usufruído em toda sua plenitude quando atingir certo grau de amadurecimento. E é preciso que o grupo ou sistema humano tenha alcançado esse grau de amadurecimento (ou se proponha a fazê-lo) para que possamos auxiliá-lo a externalizar, no momento propício, e da forma que lhe for mais conveniente, todos os seus potenciais.

Uma visão crítica da utilização dos marcos referenciais teóricos referidos

É inegável, como já se disse anteriormente, que a *psicanálise*, com sua teoria explicativa dos processos mentais, alicerçada no entendimento das motivações inconscientes do comportamento humano, foi de importância capital para o advento das abordagens psicoterápicas em geral no século ora findo. No entanto, como método clínico, a psicanálise destinava-se originariamente a se desenvolver no contexto de uma relação dual e sua extrapolação para a situação grupal, muito mais ampla e complexa, foi, em nosso entender, uma das causas da relativa pouca expansão e sucesso da aplicação do método psicanalítico aos atendimentos grupais, incluindo o da família. Ao tentar-se abordar os grupos com o mesmo referencial teórico-técnico da psicanálise, apesar dos esforços feitos por renomados psicanalistas que a isso se dedicaram, não me parece que se tenha encontrado um método teoricamente congruente e de comprovada eficácia clínica, a não ser quando liberado da camisa de força da técnica original e enriquecido com os aportes de outros referenciais epistemológicos.

Com relação à disciplina que conhecemos como *dinâmica de grupo*, cremos que suas vicissitudes na práxis com grupos residem na forma como os profissionais em geral confundem *exercícios de dinâmica de grupo* como uma proposta de atendimento aos grupos, sobretudo no âmbito institucional. Sempre me causou estranheza, e até certa perplexidade, o modo e a frequência com que profissionais da área *psi* aplicam (ou me pedem para ensiná-los a fazer) o que chamam "dinâmicas de grupo", que não passam dos referidos exercícios, como se não discriminassem esses do que corresponde à natureza intrínseca dos grupos, que é ter sua dinâmica própria. Em outras palavras, não se pode aplicar ou fazer uma "dinâmica de grupo" porque os grupos já possuem sua dinâmica própria e os exercícios nada mais fazem do que revelá-la em seus múltiplos aspectos; apenas isso — aplicar exercícios de dinâmica de grupo — não nos conduz a nenhuma forma de atendimento grupal propriamente dito sem que possamos referenciá-lo em algum substrato compreensivo ou logístico que caracterize tal atendimento.

Não foi outra a proposta de Pichon-Rivière ao elaborar sua teoria dos vínculos e delinear seu esquema conceitual referencial operativo, que consistia numa interface entre o que então se conhecia da dinâmica e funcionamento grupal com o aporte psicanalítico ao entendimento dos fenômenos intrapsíquicos. Na práxis, contudo, comete-se outra aberração conceitual que gera distorções na aplicabilidade desse *ecro*, como chamava seu autor, ao atendimento dos grupos e sistemas humanos. Não é raro encontrarmos grupoterapeutas, mesmo experientes, contrapondo as noções de grupos terapêuticos e operativos, como se esses últimos não fossem uma forma, ou uma ideologia, antes que uma técnica, de abordar os grupos em geral: terapêuticos, de aprendizagem ou institucionais. Aliás, para Pichon-Rivière toda terapia é uma forma de aprendizagem, e vice-versa, toda aprendizagem produz efeitos psicoterápicos.

Já no que diz respeito à *teoria sistêmica* e sua aplicação no campo das terapias familiares, o que nos parece que tenha acontecido é que o deslumbramento com os recursos técnicos criados sob sua inspiração levaram a uma sobrevalorização de sua contribuição epistêmica em detrimento da análise isenta dos reais benefícios que a médio e longo prazo possam tais recursos trazer aos sistemas familiares em sofrimento que são atendidos com esse referencial.

Por outro lado, quem sabe pela persistente ilusão do homem de que possa chegar a verdades absolutas e definitivas, o paradigma sistêmico corre o risco de se transformar em um *paradogma,* ou seja, algo que se propõe a substituir a posição dogmática de tudo explicar segundo a lei do determinismo psíquico, mas que acaba transformando-se, por sua vez, em nova postura dogmática. A própria representação do paradigma sistêmico pela imagem do círculo (pensamento circular) denuncia uma vocação para o fechamento em si mesmo, e, consequentemente, dogmática, já que o círculo é uma figura geométrica fechada.

Para finalizar, uma observação sobre a função do terapeuta na coordenação dos grupos que atende e a necessidade de que possam superar o estágio centralizador em que ainda se encontram. E, quando falamos de coordenação, estamos simultaneamente tratando do papel das lideranças e suas transformações nos tempos em que vivemos.

Cada vez há menos espaço para a afirmação de lideranças carismáticas, oriundas do culto à personalidade na era individualista de onde emergimos. Aos terapeutas, assim como às lideranças em geral, exigir-se-á cada vez mais uma peculiar habilidade para conviver com a pluralidade das expectativas humanas e a capacidade em auxiliar na resolução de conflitos nas relações interpessoais está na razão direta do respeito às individualidades em cena. Muitas vezes, em nome de sua autoridade profissional ou das características da técnica que emprega, o terapeuta desqualifica os pacientes e desconsidera seus direitos ao livre arbítrio e ao questionamento crítico do que é proposto no *setting* terapêutico.

Deixar de querer monitorar os destinos alheios a partir de sua vontade é um aprendizado que se impõe, tanto aos terapeutas como aos coordenadores de grupos em geral. Respeitar e acolher a diversidade dos seres humanos, percebendo nessa diversidade não um fator adverso e sim um elemento que agrega valores na realização de tarefas compartilhadas — tais como são as que se propõem num processo terapêutico — é *conditio sine qua non* para que se exerçam adequadamente papéis de terapeutas ou de líderes grupais nos dias de hoje.

A interdisciplinaridade e as parcerias estão gradualmente sobrepujando as competências individuais no marca passo da evolução social. Mais do que nunca, aprender a trabalhar com e em grupos é preciso. E aqui o "preciso" está tanto no sentido de "necessário" como no do verso pessoano ("navegar é preciso"), ou seja, de algo que cada vez se faz com mais precisão e menos empiricamente, na medida em que se sucedem os estudos e aportes ao entendimento dos fenômenos grupais e, consequentemente, seu manejo mais adequado. E essa observação nos conduz à consideração da prática da *coterapia*, tão empregada entre os terapeutas de famílias.

Sem dúvida, as parcerias entre profissionais ou mesmo de disciplinas diferentes (como ocorre na mediação familiar praticada por advogados e psiquiatras ou psicólogos) têm se incrementado a partir do desenvolvimento da terapia familiar; e mostrado suas vantagens, mas também as vicissitudes dessa atividade compartilhada em função das dificuldades que lhe são inerentes. Creio que às vezes a preconizamos um tanto levianamente, não levando em conta a necessária sintonia do par coterapêutico, bem como a ausência de níveis elevados de competitividade entre seus participantes para que se torne operativa. Outro fator que compromete sua eficácia são as discrepâncias entre os níveis de experiência prévia dos coterapeutas. Lembremos que a existência de uma hierarquia (tipo professor/aluno) na relação coterapêutica é um elemento a contraindicá-la.

Parafraseando o conhecido ditado, diríamos que "duas cabeças pensam mais, mas nem sempre melhor, do que uma" quando se interpõem afetos contrastantes, comprometendo as respectivas competências e saturando o campo terapêutico com um clima de rivalidades subjacente.

Inequivocamente, a possibilidade de contar-se com um olhar diversificado e proceder-se a distintas leituras do acontecer no processo psicoterápico amplia a gama de possibilidades de obviarmos os escotomas e pontos cegos que cada um de nós tem na investigação e abordagem dos conflitos alheios, na medida em que nossa própria história familiar interfere na escuta da de outros, seja por fenômenos de ressonância ou de repressão. Igualmente, a chance de contarmos com o recurso técnico de alternarmos a figura do terapeuta mais ativo nas intervenções com o daquele que fica predominantemente na observação do que se passa no campo terapêutico é um fator de enriquecimento do processo psicoterápico. Acrescente-se a isso a possibilidade de que um dos dois coterapeutas, por sua experiência prévia nas técnicas lúdicas empregadas no atendimento a crianças, possa melhor acompanhar o que se passa no subsistema infantil durante uma sessão com a família.

Em resumo, a coterapia é um recurso de inegáveis méritos na abordagem dos grupos, em geral, e das famílias, em particular. No entanto, pensamos que, além das características pessoais necessárias para a adequação do par coterapêutico (onde enfatizamos a presença de baixos níveis de competitividade em ambos os parceiros para o bom desempenho da tarefa coterápica), deve haver um treinamento específico e uma intervisão continuada para essa atividade compartida, onde se privilegie a aprendizagem do funcionar cooperativa e solidariamente a partir do conhecimento da dinâmica das interações humanas.

Outra prática corrente no atendimento de famílias com o referencial sistêmico — a da tutelagem dos educandos "do outro lado do espelho unidirecional" — parece-me questionável, não só pelo que subtrai da espontaneidade do terapeuta em treinamento, como por partir-se do pressuposto que o supervisor ou consultor é quem tem o "suposto saber" sobre o que está acontecendo na sessão. Essa é uma prática que evidencia resquícios do ensino autoritário e centralizado na figura do mestre, e por isso a questiono. No cotejo das vantagens e desvantagens, a balança inclina-se, a meu ver, a favor das últimas, ainda que seja forçoso reconhecer que tal procedimento contribuiu para uma maior transparência nas relações entre mestre e aprendiz de ofício, quando aquele também se dispõe a expor o modo como trabalha para ser observado pelos discípulos. Voltaremos a essa questão mais adiante, no capítulo sobre o ensino da terapia familiar.

CAPÍTULO 5

DA TEORIA PSICANALÍTICA À TEORIA SISTÊMICA... E MAIS ALÉM

Terapia familiar psicanalítica

Para alguns psicanalistas a terapia de famílias começou com Freud, quando ele empreendeu o tratamento do menino com fobia de cavalos, o pequeno Hans, em 1905, no qual o pai do garoto foi introduzido como agente terapêutico.

Na verdade, a psicanálise não precisa recorrer a este expediente para reivindicar sua primazia na terapia familiar: Ackermann, psiquiatra infantil e psicanalista, tido como o verdadeiro pai da Terapia Familiar por haver publicado, aos 29 anos de idade, em 1937, o primeiro artigo sobre o tratamento de famílias visualizadas como uma unidade emocional e social, utilizou-se do referencial psicanalítico durante seus longos anos de atividade profissional. Ackermann, que migrara com sua família, quando tinha 4 anos de idade, da Rússia para os Estados Unidos, quando da eclosão da I Guerra Mundial, fugindo da pobreza e do antissemitismo, faleceu aos 62 anos de idade, em 1971, tendo fundado, em 1965, o prestigiado Instituto da Família (mais tarde denominado Instituto

Ackermann, em sua homenagem), na cidade de New York. O Instituto Ackermann caracterizou-se por seu ecletismo, pois, embora fundado e liderado por um psicanalista, tornou-se importante centro de treinamento em terapia familiar sistêmica, onde passaram a lecionar figuras bastante conhecidas no movimento sistêmico por sua produção científica, tais como Peggy Penn, Peggy Papp, Olga Silverstein, entre outros.

O primeiro livro inteiramente dedicado ao diagnóstico e tratamento das famílias foi também de autoria de Ackermann, intitulando-se *A psicodinâmica da vida familiar*, publicado em 1958.

Tanto na terapia de famílias de orientação psicanalítica, como posteriormente na sistêmica, a primazia coube aos norte-americanos e não aos europeus. Mas foi na Europa que o movimento de terapia familiar psicanalítica se expandiu e adquiriu seu maior significado. Podemos situá-lo em três principais eixos: a Clínica Tavistock, em Londres, de marcada influência kleiniana; o grupo francês, liderado por A. Ruffiot (*La thérapie familiale psychanalytique*, 1981) e A. Eiguer (*Un divan pour la famille*, 1983) e o alemão, representado por H. Richter (*The family as a patient*, 1974).

O centro de referência mais importante para os terapeutas familiares que trabalham o marco referencial analítico é a Clínica Tavistock, de Londres. Ainda que o *boom* das terapias familiares tenha ocorrido sob a égide da terapia sistêmica, e que a psicanálise, por ser fundamentalmente baseada numa relação dual, tenha influenciado sobretudo as psicoterapias individuais e bem menos significativamente as grupais, sua contribuição à terapia familiar tem sido valorizada por oportunizar a abordagem compreensiva da família, aproximando-nos ao conhecimento dos seus psicodinamismos. As intervenções privilegiam não mudanças de comportamentos e sim as resoluções dos conflitos interpessoais a partir da elucidação das motivações inconscientes dos membros da família. Como observa um de seus principais adeptos em nosso meio, L. Meyer:

> O terapeuta que escolhe trabalhar com um referencial de orientação psicanalítica deve optar por outro tipo de intervenção. Seu objetivo não será a modificação do comportamento [...]. Apesar de vinculado ao sistema o terapeuta não está lá para anuir a suas exigências [...]. O terapeuta está lá para desvendar o significado inconsciente dessas exigências, para examinar sua natureza, sua origem emocional e as consequências e repercussões criadas por essas exigências. Seu compromisso é compartilhar com a família sua percepção e seu entendimento da natureza e funcionamento dos objetos abrigados pela família. (1983).

A Clínica Tavistock, que não se apresenta representada por nenhum autor em particular, mas antes como um grupo que criou um espaço para pensar sobre famílias psicanaliticamente, publicou, em 1981, uma obra de referência intitulada "Psychotherapy with families: an analytic approach", na qual evidenciam seus autores ater sua abordagem se apoiando em dois desenvolvimentos específicos: 1) a teoria kleiniana das relações objetais e as contribuições posteriores de Bion; 2) a aplicação dessa teoria à compreensão das relações grupais levada a efeito pelo próprio Bion e outros, como A. K. Rice, E. Jaques e P. M. Turquet. Suas elaborações teóricas giram em torno de conceitos classicamente adotados por esta escola, tais como o de identificação projetiva, de M. Klein, e o de continente-conteúdo (rêverie), de Bion.

O grupo francês talvez tenha sido o que mais fez esforços para conceitualizar psicanaliticamente a terapia familiar, sabendo-se que a França é o país onde maior resistência encontra-se à penetração do movimento sistêmico. Os terapeutas familiares franceses situam-se no que chamam o "polo psicanalítico grupalista", que parte para suas concepções do grupo familiar dos trabalhos de Anzieu (sobre o inconsciente grupal, em 1975) e Kaës (sobre o aparelho psíquico grupal, em 1976) para elaborar não só uma teoria como uma práxis psicanalítica com o grupo familiar, onde são usados recursos técnicos peculiares à abordagem psicanalítica, tais como as associações livres e a análise dos sonhos produzidos por membros da família no contexto das sessões. Da mesma forma que o grupo da Clínica Tavistock os franceses põem ênfase nos fenômenos transferenciais e na elaboração das fantasias inconscientes como elemento axial da técnica analítica aplicada ao grupo familiar.

Quanto a Richter, psicanalista alemão, procurou fazer uma leitura da psicopatologia familiar a partir do referencial das neuroses de caráter descritas pela psicanálise, rotulando as famílias como famílias com neurose de ansiedade, famílias histéricas, paranoides e assim por diante.

Este é, muito sucintamente, o panorama das terapias familiares que se apoiam no referencial psicanalítico. Talvez ainda merecesse uma citação particular o autor da teoria dos grupos operativos, Pichon-Rivière, psicanalista argentino nascido na Suíça, mencionado também pelos autores do grupo francês, cujos conceitos de bode expiatório e porta voz do grupo anteciparam, de certa forma, o conceito sistêmico de paciente identificado; assim como sua teoria do vínculo em tudo e por tudo relaciona-se com a visão sistêmica interacional. Já em 1965, Pichon-Rivière abordava o grupo familiar com um enfoque operativo e mencionava os "mal-entendidos" como a enfermidade básica da família.

Se outro argumento não tivéssemos para sustentar a importância do grupo familiar no contexto sociocultural da contemporaneidade, bastaria contemplar o *boom* das terapias familiares nas últimas décadas para convencer-nos de que, ao menos no âmbito das psicoterapias, a família é o centro das atenções na virada de século. Alie-se a isso o ressurgimento da figura do "médico de família" como esteio da prática médica atual e teremos seguramente ampliado o espectro do interesse pela família na área da saúde.

Terapia familiar sistêmica

O surgimento e a expansão das terapias familiares a partir dos anos 50 estão intimamente relacionados à revisão crítica dos clássicos conceitos psicanalíticos sobre a etiologia dos distúrbios mentais e o desvio de foco do *intrapsíquico* para o *interpessoal* na sua abordagem psicoterápica.

O conceito do determinismo psíquico, herança do enfoque positivista e fisicalista vigente à época de Freud, que se apoiava na noção de que a cada efeito (sintoma) correspondia uma determinada causa (de origem inconsciente), foi a pedra fundamental de todo o alicerce da terapia psicanalítica.

Essa formulação, de origens cartesianas, constitui o que chamamos *pensamento linear*, ao qual viria a opor-se o *pensamento circular*, que postula que cada "efeito" pode retroativamente alterar a "causa" que o determinou, ou, dito de uma maneira mais correta e adequada, não haveria causas e efeitos e sim sistemas de influências recíprocas. Ainda de acordo com essa formulação, que representa uma ruptura epistemológica no campo das ciências em geral, considera-se que o observador pode modificar (e inevitavelmente o faz) o evento observado, o que põe por terra todos os postulados da neutralidade científica.

Essa radical mudança na perspectiva de encarar a fenomenologia, tanto no âmbito das ciências humanas como no das ciências naturais, é um dos fatores determinantes da afirmação das terapias familiares. Outro deles é a nova concepção da psicopatologia sob o enfoque sistêmico (assentado sobre o vértice do pensamento circular) e que considera que a enfermidade psíquica do paciente sinaliza uma perturbação coletiva do meio em que se criou: a família. Esse enfoque originou a expressão "paciente identificado" para designar aquele que é o emergente do distúrbio do grupo familiar.

Como vemos, o advento da *teoria sistêmica* veio fazer contraponto aos conhecimentos oriundos da psicanálise na abordagem psicoterápica da família.

Conforme assinalamos anteriormente, embora haja quem considere Freud o primeiro terapeuta de família ao, em 1905, tratar o pequeno Hans com a intermediação do pai do menino, e reconheça-se Ackermann, um autor vinculado à vertente psicanalítica, como o pai das terapias familiares por seus escritos nas décadas de 1930/40/50, foi com a emergência do *enfoque sistêmico*, a partir da década de 1960, que a terapia familiar tomou impulso e adquiriu suas configurações atuais.

Para melhor situar o leitor quanto à origem e evolução das ideias que provocaram a aludida ruptura epistemológica, e que ensejaram o surgimento da terapia familiar alicerçada em um novo referencial teórico-clínico, vamos traçar um rápido bosquejo histórico dos eventos que marcaram a trajetória desta nova modalidade psicoterápica.

O primeiro movimento em direção a essa mudança de ênfase do *intrapsíquico* para o *interpessoal*, que originou a terapia familiar sistêmica, surgiu com os trabalhos sobre a *mãe esquizofrenogênica*, por F. Fromm-Reichmann, em 1948. Para essa autora, o principal fator etiológico determinante da esquizofrenia estaria na presença de uma mãe autoritária, dominadora, ambivalente e rejeitante, que, se associada a um pai complementarmente passivo, indiferente e ausente, comporia a dupla parental patognomônica dos indivíduos esquizofrênicos. Essa formulação, a um tempo simplista e desafiadora, fora de certa forma antecipada anos antes por L. Kanner em seus estudos pioneiros sobre o autismo infantil, ao descrever os pais das crianças autistas como criaturas geralmente frias, distantes e intelectualizadas. Embora, neste enfoque, a ênfase houvesse se deslocado do intrapsíquico para o interpessoal, permanecia o referencial da *causalidade linear*, herdado das ciências naturais e consubstanciado na doutrina do determinismo psíquico que alicerça a teoria psicanalítica.

A mudança de paradigma ocorreu com a publicação do artigo "Em direção a uma teoria da esquizofrenia", de G. Bateson, em 1956. Nesse artigo, que se tornou a referência inicial para a abordagem terapêutica da família como um sistema, o já então consagrado antropólogo norte-americano — que se aliara a outros profissionais de áreas afins para estudar a comunicação humana, constituindo o chamado "grupo de Palo Alto" (denominação tomada da cidade de Palo Alto, na Califórnia, onde trabalhavam) — elabora a *teoria do duplo vínculo* (ou *duplo aprisionamento*, como preferimos designá-la). O duplo vínculo consistiria numa situação comportamental que gera uma sequência de instruções paradoxais da qual o indivíduo (no caso, o paciente esquizofrênico) não pode escapar, ficando por elas aprisionado e impossibilitado de discriminar entre o certo e o errado, o bom e o mau, a proteção e o abandono, e outras categorias valorativas que se opõem.

Exemplificando: uma mãe diz ao filho: "Podes brincar do que quiseres agora, mas tu sabes que eu não gosto que brinques de correr porque ficas suado". Há uma primeira instrução (podes brincar "do que quiseres"), a qual se segue uma segunda ("mas não do que *eu não quero*"), que contraria a primeira e coloca o filho diante de um impasse: se brincar de correr porque é o que quer (e assim estaria obedecendo a primeira instrução da mãe) irá desobedecê-la, conforme o enunciado da segunda instrução.

Segundo esta concepção teórica o comportamento esquizofrênico resultaria do emprego reiterado de comunicações tipo duplo vínculo no contexto familiar.

Utilizando-se de instrumentos conceituais oriundos da teoria geral dos sistemas (formulada por Bertalanffy, em 1950), da cibernética (criada por Wiener, em 1948) e da teoria da comunicação humana (elaborada pelo próprio grupo de Palo Alto), Bateson e seu grupo de colaboradores foram dando corpo ao esquema referencial que sustenta a *terapia familiar sistêmica*.

Além da já mencionada substituição do *enfoque linear*, tipo causa e efeito, pelo *enfoque circular*, que se baseia na reciprocidade dos fatores causais, outros conceitos fundamentaram essa abordagem, tais como a noção de *feedback* ou retroalimentação, que nos diz que cada produto (*output*) de um sistema é um novo aporte (*input*) a esse mesmo sistema, com o que, inevitavelmente, o modifica e transforma. Há uma retroalimentação *positiva*, que predispõe à mudança, e outra *negativa*, que busca a homeostasia do sistema, sendo ambas interdependentes e complementares (recorde-se que aqui *positivo* e *negativo* não têm a conotação de *bom ou desejável* e *mau ou indesejável*, mas apenas pontua o sentido contrário dos mecanismos referidos).

O questionamento básico dos pioneiros da terapia familiar era: se mudarmos os padrões interativos no seio de uma família podemos alterar o comportamento de seus membros e, por consequência, a patologia de seu(s) membro(s) enfermo(s)?

Procurando responder a essa questão e perseguindo o objetivo de obter tais mudanças no jogo interativo dos membros de uma família, os terapeutas familiares desenvolveram uma série de estratégias ou variantes técnicas visando alcançar seus propósitos, que acabaram caracterizando o que hoje constituem as várias correntes ou escolas de terapia familiar. Aqui faremos alusão a algumas delas. Comecemos pelo grupo pioneiro.

A abordagem sistêmica do grupo de Palo Alto

Há dois momentos distintos na história do grupo de Palo Alto: um que chamaríamos "fase inicial de pesquisas sobre a comunicação humana", até a elaboração da teoria do duplo vínculo (1956), onde pontificou a figura de Bateson; e outro que poderíamos denominar "fase de aplicação clínica das descobertas originais", centrados na equipe do MIR (Mental Research Institute), fundado em 1959, e do qual Bateson não chega a participar.

Eis algumas variantes técnicas derivadas da abordagem sistêmica do grupo de Palo Alto:

O *duplo vínculo terapêutico*, desenvolvido pelo grupo pioneiro de Palo Alto, utilizando uma aplicação da mencionada hipótese do duplo vínculo com finalidades curativas através da *prescrição do sintoma* ou *instrução paradoxal*, que visa eliminar a perturbação apresentada pelo paciente identificado através da notificação ao paciente e sua família de que o sintoma não deve ser abandonado (paradoxo), pois ele está servindo para a manutenção da homeostasia do sistema familiar.

A *terapia familiar estrutural*, de S. Minuchin, que considera a necessidade de modificar a estrutura do sistema familiar, pois esse sistema possui mecanismos de autoperpetuação de suas modalidades comunicacionais e comportamentais que, sem serem alteradas, não permitem as mudanças desejadas. Sumariamente, poderíamos dizer que o primeiro objetivo do terapeuta seria desequilibrar o sistema familiar para que se criem as condições para transformá-lo.

A *terapia familiar estratégica*, de J. Haley, que apoia sua abordagem sobre a ideia de que a situação triangular é a unidade de interação familiar mínima e desenvolve a noção do *triângulo perverso*, onde as relações de poder se estabelecem pelas alianças entre membros de gerações diferentes (pai ou mãe com filhos). Como os demais terapeutas sistêmicos, o objetivo central de Halley não é analisar problemas, mas sim produzir mudanças no comportamento, as quais procura obter pelo ingresso do terapeuta nesse sistema de alianças familiares como um *intruso temporário*, a fim de alterar a rigidez do sistema e provocar transformações nas configurações familiares estereotipadas.

A *terapia intergeracional*, de Bowen, que parte do enfoque trigeracional, segundo o qual duas gerações de pais relativamente imaturos são responsáveis pela emergência do paciente identificado na terceira e, segundo Bowen, para lidar com essa situação, é preciso incluir membros da três gerações implicadas na abordagem terapêutica. Há muitos pontos de contato da abordagem de Bowen com a de Haley, mencionada anteriormente, pois ambos trabalham em cima de situações triangulares.

A *terapia vivencial*, de V. Satir, que utiliza a noção de *maturação* como a pedra de toque de sua prática como terapeuta de família. Para ela, a autoestima e a aquisição de um estado no qual o indivíduo possa tomar conta de si próprio (autonomia) é o objetivo a alcançar e o sistema familiar deveria estar a serviço desse propósito, ou seja, proporcionar aos membros da família a oportunidade de alcançar os níveis de amadurecimento emocional que lhes permitam: a) estar em harmonia consigo mesmo; b) comunicar-se claramente com os outros; c) reconhecer e aceitar as diferenças e não tomar os outros como prolongamentos de si mesmos; d) assumir a responsabilidade por seus atos pensamentos e sentimentos. O terapeuta funcionaria, ele próprio, como um modelo de amadurecimento e capacidade de comunicar-se para a família.

A *terapia contraparadoxal*, do grupo de Milão (liderados por M. Salvini-Palazzoli), que se apoiou inicialmente na utilização da *conotação positiva*, que é uma evolução da técnica da prescrição do sintoma. A equipe de Milão percebeu que, ao apoiar o sintoma do paciente identificado, conotava negativamente a ausência de sintomas por parte dos outros membros da família, pois, ao "se inocentar", o portador do sintoma, os outros membros da família poderiam sentir-se "culpados" em seu lugar. Isso, por outro lado, impedia a visão da família como uma unidade sistêmica, o que os levou a conotar positivamente não só o comportamento sintomático do paciente identificado como todos os demais comportamentos dentro da família.

A menção a esse grupo representativo de variantes técnicas da terapia familiar sistêmica e seus suportes técnicos não abrange, obviamente, toda a gama de novos enfoques surgidos à raiz da evolução do pensamento sistêmico original. É inviável sistematizá-los e aprofundar os conceitos que os sustentam na dimensão requerida e nos propósitos limitados deste capítulo.

Há, no entanto, alguns elementos compartilhados que se constituem num fio condutor que põem certa ordem nessa aparente torre de Babel em que se constituem as contribuições dos diversos autores da linha sistêmica. Recordemos, por exemplo, que foram as dificuldades para compreender e tratar os pacientes esquizofrênicos que mobilizaram os autores acima mencionados a buscarem outras formas de acessá-los. Não por acaso tais pacientes, bem como outros que motivaram a busca de ajuda por parte de seus familiares junto aos terapeutas da linha sistêmica, são designados "pacientes de difícil acesso", ou seja, pacientes dificilmente abordados com as psicoterapias de orientação psicanalítica. Outra particularidade compartida: todas as variantes técnicas mencionadas originaram-se, direta ou indiretamente, das investigações e experimentos pioneiros do grupo de Palo Alto. Finalmente, o objetivo comum a todos esses procedimentos terapêuticos não é a resolução de conflitos e sim a mudança de comportamentos; destarte, seu foco são os *como* e não os *porquês* da perturbação apresentada.

Conquanto a uma primeira e apressada impressão possa parecer que terapeutas sistêmicos e psicanalistas tenham posições divergentes e inconciliáveis tal não é a realidade e nada melhor que estas considerações de Andolfi, um dos expoentes máximos da linha sistêmica, para corrigir essa visão distorcida:

> Embora a família seja a unidade de observação sobre a qual baseamos nossa pesquisa, estamos primordialmente interessados em seres humanos individuais e na complexidade de seus comportamentos, conforme observado através de um entendimento de seu desenvolvimento na família. A ligação fundamental entre necessidades individuais e exigências sociais forçou-nos a integrar diversas modalidades interpretativas do comportamento humano. Consequentemente, por um lado fomos levados a observar a família como um sistema relacional que vai além do indivíduo [...]. Por outro lado, colocamos no centro do estudo da família o indivíduo e seu processo de diferenciação [...]. Ao invés de salientar as diferenças entre as abordagens individuais e relacionais, diferenças que têm sido excessivamente enfatizadas pela maioria dos teóricos da terapia familiar, utilizamos o método relacional para um melhor entendimento do comportamento humano e seu ciclo evolutivo. (1984).

A seguir vamos traçar um quadro comparativo entre as duas principais correntes teóricas que sustentam o trabalho psicoterápico com famílias, a fim de evidenciar suas principais diferenças em relação aos elementos considerados:

	TERAPIA FAMILIAR PSICANALÍTICA	**TERAPIA FAMILIAR SISTÊMICA**
PARADIGMA TEÓRICO	Pensamento Linear (padrão causa → efeito)	Pensamento Circular (padrão "feedback" ou retroalimentação)
IDEOLOGIA TERAPÊUTICA	Tornar consciente o inconsciente	Promover desestereotipação (quebra de estereótipos) no comportamento familiar
OBJETIVOS	Mudanças psíquicas (via "insight")	Mudanças na interação intrafamiliar (via redefinição das relações e mobilização dos papéis familiares)

	TERAPIA FAMILIAR PSICANALÍTICA	TERAPIA FAMILIAR SISTÊMICA
FORMA DE ABORDAGEM DA FAMÍLIA	Não diretiva	Diretiva
ÊNFASE DURANTE PROCESSO TERAPÊUTICO	Na compreensão dos fatores psicodinâmicos dos conflitos	Na comunicação e suas peculiaridades e distorções
RECURSOS TERAPÊUTICOS	Atividade interpretativa a partir da transferência e contratransferência	Intervenções sob diferentes modalidades de provocações, prescrições paradoxais, conotações positivas, inclusão dos terapeutas no sistema familiar, questionamentos circulares, narrativas construtivistas

Terapia familiar psicodramática

Não podemos deixar de fazer menção à contribuição do psicodrama para a abordagem terapêutica de casais e famílias. Quer empregado como uma modalidade psicoterápica, com sua teoria e práxis próprias, quer quando o utilizamos com o objetivo de mobilizar emoções dentro do marco referencial sistêmico ou psicanalítico, o psicodrama, sem dúvida, amplia e enriquece o campo da terapia familiar. A utilização de recursos psicodramáticos, tais como a inversão e a dublagem de papéis, o espelho, o solilóquio, a prospecção ao futuro e o emprego da expressão corporal tem se revelado um valioso suporte à abordagem psicoterápica da família.

Penso que a terapia de famílias pode beneficiar-se de um modelo híbrido de abordagem técnica, na qual, por exemplo, a compreensão seja psicanalítica, o enquadre, sistêmico e a instrumentação, técnica psicodramática. Faça-se a ressalva, contudo, que trabalhar com distintos marcos referenciais teóricos requer um nível de habilitação a que só têm acesso profissionais mais experientes.

E para onde se encaminham as terapias de família?

Sendo a família, como vimos, a origem e o destino das profundas transformações socioculturais por que passa o mundo contemporâneo, é naturalmente em seu âmago que se tornam manifestos os conflitos interpessoais nessa busca coletiva de novas pautas no padrão relacional dos seres humanos; e é por isso que a terapia familiar vem se constituindo numa abordagem de extrema valia para o atendimento das vicissitudes existenciais nos tempos atuais.

Quer em sua vertente sistêmica como na psicanalítica ou na psicodramática — e elas se complementam e vêm se enriquecendo mutuamente com o crescente intercâmbio de ideias e opiniões entre seus mentores — a terapia familiar é tida como a modalidade psicoterápica de maior expansão hoje em dia, tanto pelo número de profissionais que a praticam como de pacientes que dela se beneficiam, mas, sobretudo, pela riqueza e amplitude conceitual de seus fundamentos e por suas ainda indeterminadas possibilidades clínicas.

Os paradigmas, como os seres humanos, têm seu ciclo vital: surgem, evoluem, geram correntes de pensamento afins, e acabam por esgotar seu ciclo reprodutor, sendo substituídos por novos paradigmas, derivados ou não de sua prole epistemológica.

Se o *pensamento linear*, padrão causa-efeito, oriundo das ciências fisicalistas dos séculos passados cedeu lugar ao *pensamento circular*, padrão *feedback*, nascido no seio das teorias sistêmica e da comunicação humana, o que virá substituir essa vertente teórica que sustentou o desenvolvimento das terapias familiares?

Quiçá seja muito prematuro conjeturar sobre o que virá substituir o paradigma sistêmico, mas pensamos que já há espaço para algum exercício prospectivo a respeito. E isso é o que nos propomos fazer neste breve ensaio, sugerindo que o *pensamento espiralado*, que toma como referência o movimento paradigmático do universo em expansão, é o que mais se adequa à representação de um processo em permanente evolução, como o é o das estruturas familiares.

Mas, antes de nos utilizarmos dessa imagem metafórica para consubstanciar nossa abordagem clínica da família, façamos uma breve digressão sobre a questão da gênese, evolução e esgotamento dos modelos paradigmáticos no campo psicoterápico.

Da psicanálise à teoria sistêmica e... mais além

Não há dúvida que, entre os modelos teóricos que sustentaram a práxis psicoterápica ao longo deste século, a teoria psicanalítica, apoiada no pensamento linear padrão causa-efeito, e, posteriormente, a teoria sistêmica, alicerçada no pensamento circular, padrão *feedback*, foram hegemônicas. Quiçá esteja esboçando-se nesta virada de século um novo modelo a afirmar sua hegemonia sobre os demais, que é o do construtivismo, que tem um parentesco epistemológico tanto com a teoria sistêmica, no que diz respeito à natureza e validade do conhecimento, como com a teoria psicanalítica, pela revalorização das narrativas pessoais que a psicanálise mitificou na busca das motivações inconscientes para as ações humanas.

Parece ser da natureza das ideias que elas nasçam no caos das dúvidas epistemológicas sobre verdades questionadas, vicejem pela promessa inovadora que portam e acabem se esterilizando pela tendência dogmática do espírito humano. Não escapam a esse destino as que balizam nossa atividade psicoterápica.

A psicanálise, num dado momento autorreferenciada como o único trajeto possível para a compreensão dos processos mentais, acabou isolando-se em sua torre de marfim epistemológica e, embora com gradativas, ainda que relutantes, concessões ao conhecimento emergente de outras áreas, já há muito dá mostras de ter esgotado seu fôlego inovador e seus cultores perdem-se no cipoal de discussões tautológicas, alheios à inquietação pós-moderna que remete o mundo atual a uma busca desenfreada de novos paradigmas em todos os campos do conhecimento humano.

Quanto à teoria sistêmica, após um extraordinário empuxe inicial alavancando as terapias familiares para uma posição de grande relevância no âmbito das abordagens psicoterápicas, igualmente parece ter se perdido no deslumbramento ante os recursos técnicos criados sob sua inspiração, sem que pudesse responder consistentemente à questão fundamental: como comprovar a eficácia da ação psicoterápica criada sob sua égide? E os terapeutas familiares sistêmicos, se de um lado se mostram perplexos ante a recaída "psicanalítica" de alguns de seus mais respeitados mestres, de outro, parecem não ter assimilado ainda o fluxo epistêmico que brota da multiplicidade de enfoques técnicos que permeia sua práxis clínica.

Se tal situação permite que se faça uma leitura cética e desesperançada das vicissitudes evolutivas de nossos paradigmas psicoterápicos, igualmente nos traz em seu bojo a constatação de que estamos mais próximos do perfil científico e mais afastados do ideário religioso no modo como convivemos e nos flexibilizamos diante dessas vicissitudes. Se a religião é o território da certeza dogmática, a ciência é o da dúvida especulativa; enquanto a religião move-se no restrito compartimento da fé acrítica, a ciência procura os espaços sem fronteiras do conhecimento sempre questionável e ávido por renovar-se; a religião é fundamentalmente evocativa, ao passo que a ciência é essencialmente prospectiva: a primeira reverencia o passado, de onde extrai sua força mítica, enquanto a segunda projeta-se no futuro, onde o conhecimento de cada dia substitui o anterior e lhe dá continuidade.

Ainda que relutemos em reconhecer, a precariedade dos resultados alcançados com as vertentes teóricas que até agora sustentam as práticas clínicas de todos nós, psicanalistas, sistêmicos, construtivistas e o que mais for, não nos deixa outra alternativa senão continuar pesquisando e elaborando novos aportes epistêmicos e seguir experimentando, praticando e ensaiando novas maneiras de instrumentar a ajuda psicoterápica a quem vem conosco buscá-la.

Dentro desse espírito situa-se este exercício prospectivo na sondagem do que possa estar "mais além da teoria sistêmica" enquanto suporte para nossa atividade clínica cotidiana.

A metáfora da espiral evolutiva

Sabemos da astronomia que as galáxias, ao se formarem, giram num movimento espiral que tende ao circular à medida que evoluem e se achatam, denunciado a redução da velocidade de seu movimento rotatório, o que corresponderia ao que, por equivalência, poderíamos denominar "envelhecimento cósmico". Portanto, o movimento circular sucede ao espiralado e denuncia a estagnação do processo. No plano espacial, o círculo é bidimensional, ao passo que a espiral é tridimensional. No plano temporal o círculo é involutivo, e a espiral, evolutiva.

Visualizar os sistemas terapêuticos sob a ótica do pensamento circular pode nos levar a impasses similares aos criados pelo pensamento linear, já que no jogo dialético entre passado e presente, não há lugar para a triangulação com o futuro, pois as retroalimentações nos remetem sempre ao já acontecido e não ao por acontecer.

Quando nos fixamos na concepção circular do modelo sistêmico, também podemos cair na mesma armadilha proposta pelo pensamento linear, ou seja, a paralisação do processo. Esquematicamente, se o sintoma é resultante de um conflito inconsciente, como quer a psicanálise, e sua revelação não remove o sintoma, paralisa-se o processo psicoterápico; da mesma forma, quando propomos a uma família o jogo do questionamento circular e não avançamos além do plano bidimensional de perguntas e respostas consecutivas, igualmente estanca-se o processo. E com isso já ingressamos na esfera do tópico seguinte.

Questionando o questionamento circular

O questionamento circular, introduzido na técnica de entrevistas pela escola de Milão em substituição à prescrição ou conotação positiva ao final da sessão, é a tradução clínica por excelência do pensamento sistêmico não linear, padrão *feedback*.

Segundo o entendimento de seus criadores, a ação terapêutica (mutativa) da intervenção processar-se-ia sem que se precisasse explicitar a lógica do problema no comentário final. E aí inicia-se nosso questionamento.

Mudança sem objetivos a alcançar é como nau sem rumo: acaba por naufragar no embate das ondas ou chocando-se nos escolhos do trajeto. O homem é, por seus condicionamentos mentais, um buscador de significados. Vai procurá-los, como fez a psicanálise, nas suas origens psíquicas, ou poderá fazê-lo perquirindo não suas origens, mas seu destino.

Analogicamente poderíamos dizer que, se um meteorito está por atingir o planeta que habitamos, importa menos de onde tenha vindo ou como tenha surgido do que qual sua direção e onde se dará o impacto. E nem sempre apenas possibilitar que altere seu rumo significa menos possibilidades de que nos atinja ou que vá causar menos estragos ao fazê-lo.

O questionamento circular sem dúvida altera o rumo da entrevista e redistribui o jogo interativo. Mas qual seu impacto mutativo duradouro sobre a situação familiar pré-existente?

Os questionamentos circulares podem satisfazer nosso anseio por introduzir quebras de ritmo no, por vezes monótono, estribilho das queixas familiares, mas não estou tão seguro de que aqueles a quem se dirigem se beneficiem de seus artifícios interativos.

A meta de qualquer iniciativa terapêutica é o alívio do sofrimento humano. Quiçá os "terapeutas" tenham se afastado tanto de sua *raison d'être*, deslumbrados com a manipulação dos instrumentos de que dispõem, que já não reconhecem no cotidiano de seus misteres o compromisso com o alívio do sofrimento de quem os procura.

Voltando à questão da circularidade: entendemos que ela sem dúvida é um avanço em relação à linearidade, padrão causa-efeito, na prospecção dos problemas humanos, mas ainda — e outra vez mais recorremos à linguagem metafórica — padece de uma limitação bidimensional no enfoque das interações pessoais. Indagar das origens, como o faz a psicanálise, pode desembocar no "e daí?" com que muitos pacientes comentam as "descobertas" sobre a gênese de seus padecimentos psíquicos, mas podemos igualmente ficar aprisionados no "círculo vicioso" da identificação das retroalimentações interativas propostos pelos questionamentos circulares sem progredir na alavancagem de mudanças estruturais no sistema familiar.

O modelo metafórico da espiral não só sinaliza a tendência evolutiva presente na formação dos sistemas, quer cósmicos como biológicos, psicológicos ou sociais, mas oportuniza na práxis clínica a participação mais ativa e criativa dos que se acham incluídos no processo terapêutico. Não podemos mudar nossas origens, mas temos potencialmente recursos para alterar nossos destinos. A compulsão à repetição geracional, equivalente familiar daquela que Freud descreveu no âmbito intrapsíquico, não é uma fatalidade da qual não se possa fugir (aliás, nesses tempos de engenharia genética, até dos condicionamentos ontogênicos podemos escapar), mas, certamente, não será apenas pela identificação bidimensional das retroalimentações interativas; faz-se mister acrescentar a isso a possibilidade tridimensional de visualizar o futuro como algo que se insere noutro nível evolutivo a ser alcançado a partir da capacidade criativa e geradora dos que balizam a trajetória de um sistema familiar, sob a ação catalítica dos terapeutas.

Assim como o pensamento circular não aposentou o linear, mas veio complementá-lo e enriquecer nosso instrumental epistêmico, o pensamento espiralado que preconizamos não se constitui numa alternativa ("ou") mas num acréscimo suplementar ("e"), visando catapultar as expectativas das terapias familiares para mais além da teoria sistêmica.

Uma vinheta clínica imaginária

Tomemos o exemplo imaginário de um questionamento circular elaborado por Hoffman e transcrito no livro *A terapia familiar sistêmica de Milão*:

— *T.: Quando começou o problema?*

— *P.i.: Um ano atrás.*

— *T.: Tinha alguma coisa acontecendo um ano atrás?*

— *P.i.: O avô morreu.*

— *T.: Quem sentiu mais a perda?*

— *P.i.: A avó, depois o pai.*

— *T.: A quem prejudicou mais a morte?*

— *P.i.: À mãe.*

— *T.: por que você pensa assim?*

— P.i.: A mamãe e a vovó não se davam bem, e a vovó está vivendo em nossa casa.

A sequência poderia continuar assim, num questionamento espiralado:

— T.: A vovó tem que continuar vivendo na casa de vocês?

— P.i.: Sim, porque ela necessita que cuidem dela. Como o vovô fazia.

— T.: E não haverá alguém que possa cuidar dela além de sua mãe e de seu pai?

— P.i.: Acho que não... Talvez a titia... Ou quem sabe ela vai para um asilo.

— T.: (ao casal) Ocorreu-lhes outra hipótese além dessas que acabam de ser levantadas?

— H.: Não. Pareceu-nos que era tão natural que ela viesse morar conosco que nem se cogitou outra solução... Ela não se agradaria de morar com a outra filha... E, é óbvio, muito menos num asilo... Mas, pensando agora, talvez ela até preferisse ficar na sua própria casa se lhe conseguíssemos alguma companhia...

— T.: E em algum momento ela foi consultada sobre o que eventualmente preferiria?

— (O casal em uníssono, com ar surpreso): Não.

— T.: por que temiam que ela respondesse que só viveria com vocês?

— M.: Sim, talvez.

— T.: E este temor lhes paralisou a ponto de não lhes ocorrer incluí-la na decisão sobre seu próprio futuro?

— M.: É possível... Sim, é provável!

— T.: E para não ouvir a resposta temida, já se comportam como se ela tivesse sido dada?

— M.: Não tínhamos nos dado conta que acabamos aceitando como irremediável o que nem se cogitou que poderia não ser...

— T.: E agora, quem sabe, já se sentem preparados para incluir a vovó na decisão sobre onde quer viver e discutir com ela e o resto da família que alternativas poderiam existir?

— (O casal entreolhando-se, novamente em uníssono): Sim, achamos que estamos.

O hipotético exemplo não teria outra finalidade senão pontuar o movimento prospectivo do questionamento espiralado, estimulando o encontro de alternativas pelo próprio grupo familiar, direcionadas ao contexto imaginário de seu porvir, num contraste provocativo com o questionamento circular antes apresentado, e que nos parece ainda condicionar-se por certo linearismo etiológico.

O jogo dos questionamentos circulares excita e até mesmo diverte o terapeuta e quem o assiste "do outro lado do espelho", mas que benefício trará ao sistema familiar? Que alívio proporcionará aos sofrimentos que mobilizaram a família a procurar ajuda psicoterápica?

A entrevista com a família é um meio e não um fim em si mesma, como muitas vezes aparenta ser na práxis dos terapeutas de famílias. Os recursos técnicos só se justificam se comprometidos eticamente a proporcionar saídas para os impasses familiares e alívio para os padecimentos que trouxeram a família à terapia.

Ao propormos uma variante técnica que denominamos *questionamento espiralado*, temos em mente a relatividade de seu alcance terapêutico e a condicionamos ao acima mencionado compromisso ético. Nada além de mais uma porta de entrada ao sistema, com um propósito alicerçado numa visão prospectiva do processo terapêutico. Contudo, pensamos que essa variante técnica traz em seu bojo a instigante proposta de cogitarmos sobre o que está mais além da teoria sistêmica, calcada no modelo do pensamento circular e de seus *feedbacks* bidimensionais.

A psicanálise é fundamentalmente evocativa, anda atrás dos *porquês* e empaca no linearismo etiológico de seus determinismos psíquicos; a teoria sistêmica investiga os *como* e os *para quê* e, por vezes, como a cobra do emblema místico, acaba voltada sobre si mesma, a engolir o próprio rabo. A dimensão que falta para acionar o salto quântico da mudança no sistema não estará na perquirição dos destinos e não no das origens ou no dos estamentos do presente? Não será a dimensão do futuro a que falta para triangular com o passado e o presente e permitir a visualização do evoluir dos sistemas e não apenas do seu repetir-se?

Referências

Andolfi, M., Angelo, C., Menghi, P., & Nicolo-Corigliano, A. M. (1984). *Por trás da máscara familiar: um novo enfoque em terapia da família*. Porto Alegre: Ed. Artes Médicas.

Bateson G, Ferreira, A. J, Jackson, D. D, Lidz, T, Weakland J. Wynne LC, et al. (1971). *Interacción familiar*. Buenos Aires: Tiempo Contemporáneo.

Bateson, G., Jackson, D. D., Haley, J., & Weakland, J. (1956). Toward a theory of schizophrenia. *Behavioral science, 1*(4), 251-264.

Boscolo, L., Cecchin, G., Hoffman, L., & Penn, P. (1993). *A terapia familiar sistêmica de Milão*: conversações sobre teoria e prática. Porto Alegre: Artes Médicas.

Foley, V. (1990). *Introdução à terapia familiar*. Porto Alegre: Ed. Artes Médicas.

Maisondieu, V., & Métayer, L. (1983). *Les thérapies familiales*. Presses Universitaires de France.

Meyer, L. (1983). *Família: dinâmica e terapia*. São Paulo: Ed. Brasiliense.

Richter, H. (1974). *The Family as a patient*. New York: Farrar, Straus & Giroux.

Ruffiot, A. (1981). *La therapie familiale psychanalitique*. Paris: Dunod.

Soar Filho, E. J. (1998) Novos Paradigmas do conhecimento e a psicologia pós-moderna, *Rev. do CEP*, 5.

Watzlawick, P., Beavin, J., & Jackson, D. (1967/1971). *Teoria de la Comunicación Humana*. Buenos Aires: Tiempo Contemporáneo.

▪ CAPÍTULO 6 ▪

"PSICOPATOLOGIA" FAMILIAR: CORRIGINDO DISTORÇÕES E PREENCHENDO LACUNAS

Desde os primórdios da terapia familiar, evidenciou-se uma preocupação dos autores em sistematizar o que seria a "psicopatologia do grupo familiar". Os esforços para fazê-lo, contudo, acabaram redundando em equívocas extrapolações da psicopatologia individual, sobretudo por parte dos autores vinculados à teoria psicanalítica, afeitos à terminologia com que se procurou identificar as perturbações mentais enquanto visualizadas como processos intrapsíquicos.

Assim o fez, por exemplo, Richter, psicanalista alemão, que em 1970 escreveu um livro intitulado *A família como paciente*, onde, embora articulando a teoria psicanalítica com os emergentes aportes da teoria sistêmica, focaliza a família como portadora de distúrbios neuróticos similares aos descritos nos indivíduos. Fala-nos ele, então, das neuroses de caráter familiar, metaforicamente identificadas pelas palavras chaves "sanitário" (família com neurose de ansiedade), "fortaleza" (família paranoide) e "teatro" (família histérica).

Mais preocupados com a necessidade de sistematizar os achados clínicos e contar com categorias diagnósticas que permitam referenciar as pesquisas no campo relativamente novo da terapia familiar, os autores da linha sistêmica, conquanto lamentem que a rotulagem diagnóstica tenda a estigmatizar o paciente identificado e, assim, exacerbar os próprios problemas que a terapia pretende ajudar a resolver, não vêm como fugir dos critérios diagnósticos individuais e os consideram ainda vantajosos em relação às categorias diagnósticas sistêmicas apresentadas como alternativas e que se revelaram insatisfatórias para categorizar os dados clínicos.

Como aqui não nos movem as preocupações do pesquisador, mas tão somente a necessidade do clínico para identificar a extensão e profundidade do sofrimento do sistema familiar que deve auxiliar a reduzir, vamos considerar os distúrbios desse sistema não como símiles psicopatológicos da nosografia individual, mas sim numa dimensão que permita sua abordagem contextualizada na dinâmica interacional intrassistêmica.

Com tal objetivo em mente, parece-nos mais adequado falar de *disfunções familiares*, o que nos remete ao campo dinâmico das funções que se alteram sem que isso identifique o comprometimento das estruturas subjacentes e aponta para a possibilidade de sua reversão ao estado funcional anterior. Em outras palavras, enquanto não contarmos com a possibilidade de categorizarmos os fenômenos clínicos que se passam no sistema familiar de modo satisfatório para permitir sua qualificação e quantificação estatística para fins de pesquisa, vamos apenas descrevê-los sob a ótica do grau de sofrimento que causam no campo relacional da família, e segundo as evidências de suas manifestações na retroalimentação desse sofrimento.

O divórcio enquanto disfunção do sistema familiar

Em virtude da crescente incidência dos casos de divórcios em nosso meio e da correspondente adaptação social a tais circunstâncias, já há quem os considere como uma transição familiar normativa, equivalente a outras tantas crises no ciclo da vida familiar, para as quais já existem ritos de passagem facilitadores da continuação do fluxo desse ciclo e que não se constituem necessariamente em *disfunções*, no sentido de acarretarem desvios do padrão de "normalidade".

Para que um divórcio seja disfuncional, portanto, é preciso que as etapas de seu ciclo não se sucedam ou que o grau de sofrimento imposto aos cônjuges e filhos impeçam significativamente, e ao longo do tempo, a execução de suas outras tarefas desenvolvimentais no périplo existencial.

Sabemos que uma separação não se consuma formalmente enquanto os cônjuges não resolvem as questões pendentes relativas à partilha de bens e à guarda dos filhos, quando houver, e, emocionalmente, em muitas circunstâncias, nem mesmo após isso. Diz a sabedoria popular que só se deixa um velho amor por um novo, mas ainda em situações em que ambos os cônjuges refizeram suas vidas afetivas com novos parceiros, os laços mantidos com os(as) ex-companheiros(as) podem ser tão persistentes que ficam a ameaçar a estabilidade dessas novas relações por muito tempo. E quando ocorre de apenas um dos cônjuges recasar, permanecendo o outro só e ressentido ou muito envolvido com as tarefas de uma monoparentalidade assumida, então temos todos os ingredientes para que se estabeleça um divórcio disfuncional, como veremos na situação a seguir descrita:

> *Romeu e Julieta estão separados há 11 anos, após 7 anos de casados e dois filhos, Orestes e Electra, respectivamente com 7 e 3 anos de idade quando o casal se separou. Romeu, 3 anos após sua separação, passou a viver com Isolda, que era solteira e tem 10 anos menos que Romeu. Dessa segunda ligação, Romeu não tem filhos, sendo Isolda estéril. Julieta, com quem inicialmente ficou a guarda dos filhos, não refez sua*

vida afetiva, não tem namorados e, ao que parece, tampouco se relacionou sexualmente com outros homens, dizendo ter se dedicado apenas à vida doméstica e aos cuidados com os filhos, desde que Romeu saiu de casa. Atualmente, Orestes, com 17 anos, vive com o pai e Isolda, enquanto Electra permanece vivendo com a mãe.

Romeu e Isolda procuram atendimento com a seguinte situação atual: desde que Electra, agora com 14 anos, — e que sempre fora muito apegada à mãe e hostil ao pai após a separação do casal — tem manifestado desejo de vir morar com o pai e Isolda por desentendimentos com a mãe, após ter-lhe relatado que teve relações sexuais com o namorado e que fuma maconha (segundo Electra, a mãe a agrediu fisicamente na ocasião); estabeleceu-se um impasse, pois Isolda diz que está disposta a receber Electra em sua casa desde que Romeu pare de dar pensão alimentícia para Julieta, bem como de sair para almoçar com ela, como fez ao longo dos últimos anos, para tratarem de problemas com os filhos. Isolda diz que está farta das atenções de Romeu para com a ex-esposa e esse alega que, embora não sinta qualquer afeto por Julieta, sente que precisa protegê-la para se redimir da culpa de tê-la deixado tão despreparada para cuidar dos filhos e de si própria, já que ela era filha única, muito mimada e havia sido criada "à moda antiga", para ser dona de casa e mãe apenas. Isolda ainda refere que os ex-cônjuges até hoje não resolveram pendências da partilha, relativas à venda de um imóvel de propriedade do casal, que estava em aquisição por ocasião da separação e que já sugeriu a Romeu que ele deixe sua parte do imóvel com Julieta em troca da liberação de pagar-lhe pensão alimentar, mas que tanto ele como Julieta não concordam com essa solução, o que os mantêm "unidos pela briga" (expressão usada por Isolda).

Cisões intrageracionais

Sob essa denominação agrupamos aquelas situações de conflitos entre irmãos (como aqueles decorrentes de disputas por heranças) ou subsistemas dentro de uma mesma geração (como os irmãos que, após formarem casais, rompem seu relacionamento por desavenças ou incompatibilidades entre cunhados ou concunhados).

Cisões intergeracionais

São as decorrentes de conflitos entre diferentes gerações, sendo mais frequentes as cisões entre duas gerações sucessivas — pais e filhos — em função de escolhas afetivas ou profissionais por parte desses, contrariando a vontade daqueles, ou desacordos no exercício de atividades compartilhadas.

Disfunções nos vínculos familiares

Aqui situaríamos as *famílias rígidas* e as *famílias lassas*, ou seja, famílias cujos laços interativos não permitam outras modalidades de vínculo que não os determinados por certa estereotipia defensiva e famílias em que os vínculos são frouxos demais para capacitarem a rede familiar a exercer sua função de suporte desenvolvimental para os membros da família.

Vejamos duas situações clínicas para ilustrar o que entendemos por cada uma delas:

Situação 1: família rígida.

A família Diamante é uma família classe média, sendo ambos os cônjuges profissionais liberais assalariados, e os filhos, Jade, com 21 anos e Topázio, com 19, são estudantes universitários.

Topázio comparece como o paciente identificado, que não estuda, dorme durante o dia, leva vida boêmia e preocupa os pais com suas atitudes irresponsáveis. Já Jade é o contrário: responsável, estudioso, compenetrado, tem namorada, é caseiro e critica o irmão por sua imaturidade e dispersão.

A mãe é quem aparenta comandar a família, e também procura conduzir a sessão, enquanto o pai limita-se a alguns apartes, em que evidencia suas preferências manifestas pelo filho mais velho e sua submissão à mulher.

Quando, em determinada sessão é referida uma mudança no comportamento de Topázio, aflora simultaneamente o conflito subjacente na relação do casal, acompanhado de uma atitude preocupada e conciliadora de Jade. Na semana subsequente a essa sessão, Topázio tem uma "recaída" e na reunião seguinte com a família retomam-se as críticas dos pais e irmãos a ele, numa tentativa de manter a homeostasia do sistema às custas da persistência dos sintomas do paciente identificado e da escotomização dos conflitos do casal.

A mãe segue no seu papel de líder do grupo familiar e vítima assumida da conduta do filho e do marido, queixando-se de que está sobrecarregada com os cuidados que dedica a todos, sem deles receber retribuição; o pai adota a postura do submetido ressentido, com críticas veladas (ou nem tanto) à mulher por querer dirigi-los; Jade é o fiel da balança familiar, procurando manter os pratos em equilíbrio e evitando a desestruturação do casal ou a descompensação do irmão; e Topázio segue no seu papel de "problema oficial" da família, como sua forma de assegurar que nada se altere no equilíbrio, ainda que instável, do sistema. Esses papéis são mantidos rigidamente e há uma resistência compartilhada por todos a que se introduzam mudanças que, no sentir coletivo, podem desencadear outras formas de expressar o sofrimento do sistema familiar (conflito dos pais) mais ameaçadoras para sua manutenção.

Situação 2: família lassa.

Rubi e Esmeralda estão em crise conjugal e vêm à consulta por insistência de uma amiga de Esmeralda, que é psicóloga. Vivem juntos há 2 anos e têm uma filha de 6 meses, fruto de uma gravidez não planejada e ocorrida após a primeira relação sexual que tiveram, pouco tempo após se conhecerem. Rubi tem atualmente 23 anos e Esmeralda, 19.

Quando se conheceram, Rubi, que não concluíra o 2º grau, estava desempregado, vivendo numa pensão e recebendo ajuda de custas de um tio paterno a quem o pai o recomendara quando se transferira do interior para a capital para, aqui, tentar a vida. Seus pais vivem numa pequena cidade do meio rural, onde são proprietários de uma casa comercial. Tem uma irmã mais moça, que Rubi não sabe onde está no momento, nem sabe informar qual a idade dela.

Esmeralda, por sua vez, ainda vivia na casa da mãe quando conheceu Rubi e engravidou. Havia concluído o 2º grau, mas não fizera vestibular para curso superior por não saber o que queria cursar. É a filha do meio de 3 irmãos, Jaspe, com 21 anos, estudante de contabilidade, e Gema, de 14, concluindo o primeiro grau. Seus pais são separados e ela não vê o pai desde os 13 anos de idade. Não sabe onde ele está, nem se casou-se de novo.

Atualmente, Rubi e Esmeralda vivem em dependências anexas a uma casa do patrão de Esmeralda, em cuja loja ela trabalha. Rubi continua sem emprego fixo, mas tem obtido razoável sucesso como "freelance" de uma empresa de propaganda. A filha fica aos cuidados da esposa do patrão de Esmeralda, enquanto essa trabalha.

À entrevista, Rubi e Esmeralda mostram-se distantes e referem não terem qualquer contato sexual há meses. Dizem não sentir qualquer atração um pelo outro e sua relação com a filha também parece ser fria e descomprometida. Esmeralda diz sentir-se aliviada por não ter que cuidar dela todo o tempo e Rubi refere não sentir qualquer prazer no contato com a filha, a quem, eventualmente, pega no colo "só para ajudar". Esmeralda acha que Rubi tem outra mulher, mas esse nega. Ambos se mostram céticos quanto ao futuro de sua relação, mas também não evidenciam o propósito de separar-se, o que acarretaria, além das dificuldades financeiras resultantes, a possibilidade de terem que abandonar a atual moradia, pois D. Pérola, a esposa do patrão de Esmeralda, condiciona o auxílio que presta à continuação da relação de ambos. Rubi e Esmeralda não chegaram a formalizar sua relação através de um casamento civil ou religioso, recebendo atualmente pressões de D. Pérola para fazê-lo. D. Pérola é católica praticante e se ofereceu, com o marido, para apadrinhá-los se quisessem casar-se e batizar a criança.

Rubi não vê os pais desde que saiu de casa e Esmeralda tem escassos contatos com a mãe, que até hoje a rejeita pela forma como engravidou. Tem raros contatos com a irmã, a quem encontra ocasionalmente quando esta sai da escola e passa pela rua onde está a loja em que trabalha Esmeralda. Soube por esta que o irmão saiu de casa para morar com um colega.

Disfunções da identidade familiar

Foi Minuchin quem, ao estudar e descrever as fronteiras interpessoais no grupo familiar, descreveu as modalidades de *famílias aglutinadas (enmeshed)* e *dispersas (disengaged)* como dois polos opostos no eixo das relações intrassistêmicas.

A *família aglutinada* desenvolve um sistema voltado para si mesmo, onde as identidades pessoais acham-se fusionadas, as pautas de inclusão são exacerbadas e a autonomia é desencorajada. Já a *família dispersa* apresenta-se como um sistema de escassa coesão, com exacerbação das pautas de exclusão e o desenvolvimento de uma pseudoautonomia por parte de seus membros, pela negação da interdependência pessoal. Vejamos nas seguintes vinhetas clínicas como tais características se apresentam:

Situação 1: família aglutinada.

Amália e Gama procuram ajuda por um motivo aparentemente irrelevante: vão se casar e Amália se nega a justapor o sobrenome do futuro marido ao seu, alegando que este é um costume ultrapassado e que só lhe trará incômodos, pois terá que alterar todos os seus documentos, além de prejudicar a imagem profissional que vem criando, baseada no sobrenome paterno. Gama, por sua vez, alega que esta atitude magoará profunda e desnecessariamente sua família, muito ciosa da manutenção dos laços intrafamiliares através de tudo que os identifique, sobretudo o fato de portarem todos o mesmo sobrenome.

No relato de sua história como casal, Amália refere que logo que conheceu Gama este a levou para conhecer sua família, onde sentiu-se tratada de modo particularmente carinhoso e "como se já fosse da família". Em pouco tempo, já tinha o seu próprio lugar à mesa nos almoços dominicais, e tanto os pais de Gama como seu irmão e irmãs menores mostravam-se muito solícitos e disponíveis, sempre atentos à satisfação de qualquer desejo ou necessidade expressa por Amália. Isso que nas fases iniciais do namoro encantava Amália, agora parecia antes aborrecê-la que agradá-la.

Gama refere que sua família sempre foi muito unida e recorda que no ano em que prestou vestibular, ninguém foi para a casa de veraneio, como costumavam fazer todos os anos, para acompanhá-lo na cidade enquanto durasse o período das provas. Também lembra que seu pai deixou de fazer um curso no exterior, que lhe permitiria galgar um importante degrau em sua carreira, porque isso lhe exigiria afastar-se por quatro meses de seus familiares.

Amália diz estar assustada com o que ouviu dias atrás: seus sogros fazendo planos de acompanhar o casal na lua de mel, que pretendiam proporcionar-lhes na Flórida, para que os outros filhos tivessem a oportunidade de conhecer a Disney World; poderiam, então, alugar uma "van" e viajar todos juntos.

Em determinado momento, Amália recorda, entre divertida e espantada, uma cena familiar que presenciou: sua sogra tomava chá numa fria tarde de inverno e, subitamente, encalorada, dirigiu-se a seu filho menor e tirou-lhe o suéter que este vestia, alegando que ele ia acabar suando com tanta roupa, como se não houvesse limites precisos entre suas sensações térmicas e as do garoto.

Situação 2: família dispersa

Alona, por insistência de uma amiga psicóloga, procura um terapeuta familiar, para o qual relata a seguinte história: é filha única de um casal de bem sucedidos profissionais que sempre pautaram sua vida por um culto extremado à individualidade e criaram a filha sob o primado da máxima doméstica de que "cada um é responsável por sua vida e deve procurar ser o mais autossuficiente possível". Assim, quando Alona, que é solteira, engravidou, algum tempo atrás, conforme os princípios em que fora educada, não quis revelar ao namorado seu estado. Ao contar aos pais o ocorrido, dizendo que estava pensando em fazer um aborto, esses lhe disseram que fizesse o que achava melhor para si e que a apoiariam em qualquer decisão que tomasse. Como sentisse necessidade de compartilhar com alguém sua ansiedade e dúvidas com relação à decisão a tomar, procurou a amiga que, conhecendo as características da família nuclear de Alona, achou que esta deveria procurar alguém que pudesse intervir no sistema familiar.

Os pais de Alona, sem maiores dificuldades, acederam ao convite do terapeuta para participar de uma reunião familiar. Nesta oportunidade, narraram que, como eram muito apegados às suas respectivas famílias de origem e achavam que isso não só impedia seu crescimento pessoal como poderia vir a interferir na relação do casal, decidiram, após o casamento, que, enquanto casal, não manteriam relações estreitas com as famílias originárias, mas cada um daria toda liberdade ao outro para estar com elas como indivíduos. Também decidiram que, desde cedo, Alona seria estimulada a ser independente deles, para não padecer das inibições e entraves que achavam que haviam sofrido em seus respectivos núcleos familiares, assim como não dividiriam com ela suas preocupações pessoais nem a sobrecarregariam com as dificuldades porventura existentes em sua relação conjugal. Entendem que esta era a maneira de expressar seu amor por Alona, mas admitem que talvez tenham experimentado um gradativo afastamento uns dos outros, embora sentissem profunda afeição mútua.

Alona não recorda de fazerem refeições juntos em casa, pois os horários de atividades profissionais dos pais e os de sua escola não permitiam tais encontros, seja no almoço como no jantar. Esporadicamente, acompanhava-os em visita a casas de amigos ou a algum restaurante nos domingos. Seus avós nunca os visitavam e não lembra de uma oportunidade em que os avós paternos e maternos tenham se encontrado. Seus aniversários eram geralmente comemorados em algum clube e suas férias ou eram passadas na casa de amigas ou com apenas um dos pais, na casa dos respectivos avós.

Tanto o pai como a mãe de Alona referem ter aprendido a não contar com o outro para resolver tanto os problemas no trabalho como os domésticos, onde as decisões tomadas por cada um eram sempre respeitadas pelo outro. Admitem, contudo, que seguem recorrendo a suas famílias de origem na busca de conselhos para seus assuntos "privados".

Violência intrafamiliar

O movimento contemporâneo em prol dos direitos da mulher e, mais recentemente, dos direitos das crianças, adolescentes e idosos advém da constatação e crescente preocupação da sociedade com atos de violência física, mental ou moral cometidos no seio das famílias.

Considerando-se a família como um sistema social, como o estamos aqui fazendo, tais distúrbios inserem-se na rubrica das disfunções da conduta ou comportamento intrafamiliar. A vitimação de um membro da família por outro, contudo, não nos parece esgotar-se na compreensão psicanalítica das motivações inconscientes ou das ações retroalimentadoras a que alude a abordagem sistêmica, situando-se no "mais além" das questões socioeconômicas e culturais e mesmo nas raízes ontofilogenéticas da espécie.

Esquematicamente poderíamos dividir as disfunções da vida familiar em:

- Distúrbios da estrutura familiar: separação do casal e cisões intra e intergeracionais.
- Distúrbios dos vínculos familiares: rigidez ou lassidão.
- Distúrbios da identidade do grupo familiar: famílias aglutinadas (enmeshed) e dispersas (disengaged).
- Distúrbios do comportamento intrafamiliar: violência, perversões sexuais, abandonos, abuso de poder.

▪ CAPÍTULO 7 ▪

INTERVENÇÕES FAMILIARES EM PSICOTERAPIAS INDIVIDUAIS

Em nossa experiência, a flexibilidade na forma de utilizar distintos enfoques psicoterápicos tem mostrado resultados significativos e, às vezes, até mesmo surpreendentes.

Nosso balizamento para introduzir tais variáveis técnicas tem sido a escuta empática das vicissitudes que motivaram a solicitação de ajuda, a atenção às singularidades de cada situação aportada e o respeito à demarcação do território de sua intimidade, no qual nos permitem ou impedem de transitar os próprios pacientes, origem e destino de nossa atividade terapêutica.

Apresentaremos, neste tópico, como introduzir intervenções familiares breves durante o curso de processos psicoterápicos individuais, que tanto podem ser realizadas com o propósito de mobilizar atendimentos que estão em situação de impasse, como no caso presente, para proporcionar a abordagem de uma intercorrência em um membro de uma família desconstruída. A intervenção referida foi efetuada em regime de coterapia.[2]

Em nosso entendimento, tais abordagens grupais não convencionais revelam-se extremamente proveitosas quando

---

[2] Coterapeutas: Olga Falceto e Luiz Carlos Osorio.

adequadamente indicadas e convenientemente introduzidas na prática psicoterápica corrente com pacientes individuais.

No que tange aos benefícios para os pacientes, cremos que eles ocorrem, sobretudo, pelo oferecimento de uma abordagem inusitada, mas apoiada na sólida experiência prévia dos terapeutas e no seu genuíno propósito de ajudar os referidos pacientes a promoverem as mudanças necessárias para saírem de suas situações estereotipadas; nisso nos parece residir a principal razão para o sucesso das intervenções propostas.

Quanto ao aprendizado proporcionado pela experiência para os terapeutas nela envolvidos, queremos destacar a riqueza do intercâmbio entre distintos marcos referenciais técnicos, mas que se mostraram inteiramente compatíveis durante o atendimento clínico, em função do alto nível de respeito mútuo e propensão à cooperação entre os profissionais em questão. A parceria foi estabelecida entre uma psiquiatra de formação psicodinâmica e sistêmica e um psiquiatra de formação psicanalítica, sistêmica e psicodramática, sendo ambos também especialistas em psiquiatria da infância e adolescência.

A seguir, vamos relatar a situação clínica relatada:

> *Nicole tem 9 anos e é a filha caçula de um casal separado há cerca de 4 anos. Vive com a mãe e dois irmãos maiores, Luís de 20 anos e Maria, de 18. O pai passou a viver recentemente com uma mulher que, em seu casamento anterior, teve uma filha, hoje adolescente. A mãe de Nicole está em psicoterapia individual, bem como o pai. Ambos até hoje não conseguiram oficializar sua separação por divergências importantes quanto à divisão do patrimônio familiar.*
>
> *Miriam, a mãe de Nicole, passa a mencionar em suas sessões psicoterápicas sua preocupação com a filha, que está*

apresentando um quadro fóbico, não permitindo que a mãe se ausente, a não ser para suas atividades profissionais. Em um contato entre os terapeutas de Miriam e Miguel, o pai de Nicole, foram trocadas ideias a respeito de como proceder com relação ao quadro apresentado por Nicole, que vem se agravando nas últimas semanas; decidiu-se, então, em lugar de encaminhá-la a um psicoterapeuta infantil, tentarmos antes uma intervenção familiar com Nicole e seus pais, com a convicção que ela estava expressando com o sintoma sua forma de reagir à situação dos pais e fazer uma última tentativa de mantê-los unidos, pois, com a nova relação amorosa do pai e os evidenciáveis ressentimentos da mãe, tudo levava a crer que o divórcio finalmente iria se consumar.

Nas sessões com Nicole e os pais, foram abordadas, com o auxílio de dramatizações, a forma como Nicole tentava controlar os pais com seu sintoma (que exigia que o pai viesse visitá-la em casa por não poder afastar-se da mãe) e a maneira como esses compactuavam com as tentativas de mantê-los unidos através da incapacidade de acharem uma solução para efetivar a partilha dos bens, polarizada em torno da discussão sobre os direitos sobre a casa onde vivia Miriam com os filhos e que representava 80% do patrimônio do casal. Em determinado momento, alternamos sessões com a presença de Nicole com sessões unicamente com os pais, que evidenciavam estar de acordo quanto a seguir as sugestões dos terapeutas sobre como proceder em relação a Nicole, mas persistiam em uma oposição radical quando se tratava de achar uma solução para a partilha.

Ao cabo de umas dez sessões do que consideramos uma intervenção familiar em coterapia, no curso de duas psicoterapias individuais, o quadro fóbico apresentado por Nicole esbateu-se consideravelmente, embora persistisse o impasse quanto à questão da separação judicial do casal. Interrompeu-se o atendimento quando a melhora de Nicole evidenciou termos atingido o objetivo precípuo dessa intervenção, mantendo-se os pais em suas respectivas psicoterapias individuais que, a propósito, não foram interrompidas durante a realização das sessões conjuntas. Posteriormente, Nicole também fez algumas sessões de terapia individual com a terapeuta do pai, tendo como foco sua dificuldade de tolerar frustrações, identificada pela paciente como algo que lhe causava sofrimento e complicava suas relações interpessoais. Na época, a mãe também já tinha um novo companheiro e os pais de Nicole recomeçaram a negociar a divisão patrimonial.

Cremos que essa breve intervenção substituiu com vantagem o encaminhamento de Nicole para o que talvez resultasse em um longo e dispendioso atendimento psicoterápico individual. Nicole é uma menina de Inteligência acima da média para sua faixa etária e revelou perspicácia e condições de *insight* inabituais, o que talvez lhe permitisse uma evolução favorável também no curso de um atendimento individual, que certamente não proporcionaria, nem a Nicole nem ao grupo familiar, a oportunidade de tomar contato com o jogo interativo que mantinham, com o propósito pelos três compartilhado de negar a inevitabilidade dos processos de separação/individuação em andamento, tanto no par Nicole/mãe (pais) como na díade Miriam/Miguel. Houve um momento crucial do atendimento durante um exercício psicodramático, em que foi sugerido que os pais abraçassem fortemente Nicole, impedindo-a de sair de seu "entorno" (o que provocou uma violenta reação de Nicole para libertar-se da sensação de sufoco que depois referiu) e, na sequência, deu-se, como "tema para casa", Nicole tentar impedir que a mãe saísse de casa mesmo para trabalhar, porque ela, Miriam, estaria com muitos temores de enfrentar a vida lá fora sozinha, sem um marido que a ajudasse e cuidasse, ou seja, invertendo a situação, tratando-se Miriam como se ela e não Nicole fosse a fóbica, assim como propôs-se a Nicole que convidasse o pai a levá-la à escola todos os dias pela manhã para que pudessem estar juntos, já que ele não tinha uma casa para recebê-la.

Assim como essa, outras intervenções similares no curso de atendimentos individuais têm se revelado extremamente profícuos em nossa experiência. E, quando temos a oportunidade de realizá-las em coterapia, surge uma oportunidade ímpar de eliminar certos escotomas em nossa compreensão das situações conflitivas individuais, pela intervisão proporcionada pela presença e participação de um(a) colega no campo psicoterápico.

Concluindo, quais são, em nosso entender, as vantagens ou méritos desse tipo de intervenção familiar no curso de atendimentos psicoterápicos individuais?

Pensamos que basicamente — como ficou sugerido no exemplo aludido — seria introduzir o fator "mobilização" em situações pessoais ou terapêuticas que estão em estagnação. Vida é movimento, e a terapia — para ser um processo vivo — tem de estar em constante movimento. Isso inclui não só o estabelecimento de interfaces teóricas, como a flexibilização no uso de instrumentos técnicos por parte dos terapeutas, ativados pela intuição e criatividade desses profissionais. Não se pode deixar de mencionar, contudo, a necessidade de que tais procedimentos clínicos estejam apoiados em um sólido conhecimento dos marcos referenciais teóricos e sustentados por uma significativa experiência prévia no uso dos instrumentos técnicos empregados.

▪ CAPÍTULO 8 ▪

MEDIAÇÃO FAMILIAR

Origens

A *mediação familiar* é uma prática milenar, portanto, muito anterior a qualquer modalidade de terapia de famílias. Para situá-la melhor no tempo, digamos que remonta aos tempos bíblicos. Os judeus foram os que a institucionalizaram e a trouxeram até os tempos modernos. A tradição judaica de solucionar conflitos via mediação comparece em todas as áreas de sua vida social (trabalho, relações familiares, religião, política) e é atribuída à necessidade de proteção de sua identidade cultural, pois fornecia aos judeus um meio de resolução de suas disputas, já que muitas vezes estavam impedidos de buscá-la nas sociedades onde estavam inseridos em razão de leis segregadoras.

Outras sociedades ou grupos étnicos onde a mediação tem capital importância encontram-se entre os povos orientais, que enfatizam a busca de consenso social, a persuasão moral e procura de equilíbrio e harmonia nas relações humanas. Também certas religiões, como hinduísmo e budismo, influenciaram significativamente a prática da mediação. Encontramo-la ainda praticada entre os conselhos indígenas nos nativos do continente americano.

Conceito

> A mediação é geralmente definida como a interferência em uma negociação ou conflito de uma terceira parte aceitável, tendo um poder de decisão limitado ou não autoritário, e que ajuda as partes envolvidas a chegarem voluntariamente a um acordo, mutuamente aceitável com relação às questões em disputa (Moore, 1998).

Prática contemporânea da mediação

Encontramos a mediação exercida atualmente nos mais variados campos da atividade humana, tais como nas áreas trabalhista, comercial, familiar, interpessoal, comunitária, organizacional, ambiental, de política pública, conflitos internacionais etc.

> Somente a partir da virada do séc. XX a mediação tornou-se formalmente institucionalizada e desenvolveu-se como uma profissão reconhecida... este crescimento deve-se em parte a um reconhecimento mais amplo dos direitos humanos e da dignidade dos indivíduos [...] a mudança também tem sido motivada pela crescente insatisfação com os processos autoritários de tomada de decisão. (Moore, 1998).

No Brasil, acrescentaríamos ainda, como fator predisponente à crescente institucionalização da mediação, a desmesurada procrastinação vigente no sistema judiciário, no qual não é raro ações sobreviverem às partes em litígio (demandantes). Os herdeiros muitas vezes herdam não os bens, mas as ações para assegurar a posse desses bens.

A mediação tem se incrementado significativamente em muitos países nas últimas décadas, mas, sobretudo, nos EUA e Canadá. O primeiro setor em que foi instituída formalmente nos EUA foi o das relações trabalhistas.

Um dos setores de crescimento mais rápido e significativo da mediação é o das disputas familiares, existindo comunidades onde já se exige que as partes experimentem a mediação antes de um juiz examinar o caso. Por outro lado, via de regra, os acordos mediados mostram-se mais adequados e satisfatórios do que os resultados litigados ou impostos.

A prática da mediação, embora venha se desenvolvendo rapidamente no mundo ocidental, é melhor aceita nas chamadas *culturas de negociação direta*, como são as do oriente; as *culturas de negociação indireta*, que predominam no ocidente, tentam evitar o reconhecimento explícito da existência do conflito e sua exposição pública, esforçando-se para evitar o confronto direto entre as partes e valendo-se de intermediários para advogar suas razões. Já os membros das culturas de negociação direta valorizam as interações face a face, aceitam o conflito como normal, não têm medo e até buscam o confronto direto e sentem-se mais à vontade com a discussão aberta e as negociações sem intermediários. Como os povos latinos incluem-se nas culturas desse tipo, é previsível a maior aceitação e consequente extensão da prática mediadora na América Latina do que, por exemplo, em países de linhagem germânica, anglo-saxônica ou escandinava. Pode-se até inferir que o *boom* mediador nos EUA tenha relação direta com o aumento do movimento migratório de orientais e latino-americanos para aquele país nas últimas décadas.

Conflitos e mediação

Embora a prática da mediação possa ser instituída numa negociação não conflitiva (ou até mesmo para prevenir a emergência de conflitos nessa negociação), quase universalmente ela decorre da presença de uma situação conflitiva.

"O conflito não é necessariamente ruim, anormal ou disfuncional; é um fato da vida...ele parece estar presente em todos os relacionamentos humanos e em todas as sociedades" (Moore, 1998).

O objetivo precípuo de toda a mediação é evitar a alternativa vencedor/perdedor na relação entre as partes. No entanto, mediação não significa necessariamente obter consenso. Soluções negociadas não são o mesmo que soluções consensuais. Frise-se, contudo, ser indispensável o consenso entre as partes com relação à necessidade e objetivos da mediação, *conditio sine qua non* para que se inicie o processo. Este é o *consenso primordial* e o único que não pode faltar durante toda a mediação.

A presença do mediador faz-se necessária sempre que as partes tenham esgotado suas capacidades para resolver por sua conta seus conflitos. O mediador seria um auxiliar para recolocar limites e fronteiras dos direitos de cada parte em outro contexto.

A mediação visa transformar uma situação dilemática numa situação dialética, ou seja, onde havia um impasse, criar-se condições para que se estabeleçam conversações. E para conversar, no estrito sentido etimológico do termo (con + versare), é necessário que as partes estejam dispostas a "mudar juntas".

O consenso primordial como pré-requisito para a mediação

Queremos enfatizar a necessidade de que as partes tenham pleno conhecimento do processo mediador e concordem previamente com seus objetivos. Algumas solicitações que recebemos para exercer a mediação num casal em processo de separação judicial já estão comprometidas *ab initio* pela presença de um impasse em relação à própria indicação da mediação.

Condições requeridas quanto ao mediador

Exige-se do mediador que preencha basicamente três condições: senso de justiça, imparcialidade (o que é diferente de neutralidade) e capacidade de empatia.

Vejamos, por exemplo, o que se espera de um mediador solicitado a intervir numa situação conflitiva envolvendo o processo sucessório de uma empresa familiar:

Um mediador não pode, nem deve, aproximar-se de uma empresa familiar que o chamou para mediar o processo sucessório com o desejo de que a empresa adote o que ele entende ser o melhor. Ou por outra, o único desejo compatível com a função de mediador é o de promover um acordo, tendo como elemento norteador de sua ação mediadora o respeito às partes envolvidas e a preocupação em não prejudicar a qualidade de vida dos que dirigem ou laboram na empresa. E isso, obviamente, não inclui o monitoramento de destinos alheios.

O mediador não é um interventor e sua função restringe-se a acionar, com sua ação catalisadora, um processo sucessório que se interrompeu ou está bloqueado pelo rompimento dos canais de comunicação. Seu maior compromisso ético é com a isenção em relação às decisões que venham a ser tomadas, mantendo-se estritamente num papel que em tudo e por tudo corresponde ao que etimologicamente está expresso na função de educador, ou seja, aquele que conduz para fora um saber que está em estado embrionário na mente de quem o busca.

A solução para a sucessão de cada empresa em particular está na empresa, nas entrelinhas de sua história, no contexto sociocultural em que se inseriu. O mediador é, antes de tudo, um tradutor: a ele cabe traduzir a sucessores e sucedidos o que, em seus idiomas privados, carregados de conotações afetivas, esses não conseguem comunicar uns aos outros.

É o mediador um agente facilitador das interações família/empresa através de sua condição de profissional experiente na decifração dos códigos comunicacionais da linguagem afetiva, suas potencialidades, seus ruídos, suas lacunas. Diria que ele é, sobretudo, um rastreador de mal-entendidos. E não há terreno mais propício para a geração de mal-entendidos do que as conversações em torno a um processo sucessório.

O mediador não pode ser uma edição contemporânea de Procusto, querendo adaptar a empresa ao divã de suas teorias pré-estabelecidas. Para avivar-nos a memória, Procusto era um famoso salteador que agia entre Mégara e Atenas. Atacava os viajantes, despojava-os de seus bens e submetia-os a um cruel suplício. Forçava-os a se deitarem num leito que nunca se ajustava a seu tamanho. Cortava as pernas dos que excediam a medida e, por meio de cordas, esticava os que não a atingiam. Teseu matou-o, infligindo-lhe igual martírio.

Do mediador, não se espera que seja neutro, mas, sim, imparcial. Neutralidade implica em negação de sentimentos ou opiniões, o que é uma quimera em se tratando de seres humanos como somos, além de que, para tentar alcançá-la, podemos nos colocar numa posição de distanciamento afetivo e falta de empatia com o sofrimento das partes que estão em litígio e buscam nossa mediação. O compromisso do mediador é com não tomar partido, o que é distinto de ficar alienado da realidade crucial do conflito. A neutralidade é uma posição rígida, estática e passiva; a imparcialidade exige uma postura flexível, dinâmica e ativa.

Finalmente, queremos lembrar que é no futuro e não no passado que residem as expectativas de mudança e solução de conflitos; portanto, o mediador deve ter sempre um olhar prospectivo, antes voltado para as alternativas e possibilidades de um entendimento futuro do que no escrutínio das razões do fracasso das tentativas de acordo no passado. Uma excessiva preocupação com os porquês do impasse no passado pode levar a uma paralisação da ação mediadora.

E o que se espera, em contrapartida, dos solicitantes de uma mediação?

Além do consenso primordial referido acima quanto a necessidade e objetivos da mediação, espera-se que os solicitantes estejam dispostos a escutarem-se (o que é diferente de apenas ouvirem-se), a alterar pontos de vista originalmente expressados e estarem cônscios de que, como a mediação não visa estipular vencedores, ambas as partes terão que, necessariamente, fazer concessões durante o processo. O sucesso da mediação é diretamente proporcional à flexibilidade dos solicitantes e, inversamente, seu fracasso está na razão direta de sua rigidez.

Que cada parte possa escutar a outra, embora com ela não concordando, é vital para o curso do processo. E escutar implica em estar receptivo a se colocar noutro lugar que não o próprio. Já não se demandaria que cada parte pudesse se pôr no lugar da outra, porque isso seria esperar demais de litigantes; mas, sem dúvida, é imprescindível que se ponham noutro lugar que não o de sua posição original quanto ao enfoque da situação conflitiva que determinou a busca da mediação.

"Formação" profissional do mediador

Por ser uma especialização só muito recentemente formalmente reconhecida, a exemplo de outras tantas surgidas nas últimas décadas, acompanhando o *boom* da era da prestação de serviços, os que a exercem geralmente provêm de áreas profissionais afins, nomeadamente advogados e psicólogos. E isso já nos coloca diante da necessidade de mencionar a interferência dos "cacoetes" ou deformações profissionais prévias dos mediadores na práxis, uns presos ao hábito de julgar ações e outros de interpretar sentimentos.

Tais inconvenientes podem, ser em parte, obviados pela atividade interdisciplinar na prática da mediação.

Ainda que esta não seja a ocasião para considerações sobre a formação de profissionais em geral em nossa época, desejaríamos pontuar que entendemos que apenas sofisticamos os meios de transmissão de conhecimentos profissionais, mas que, na essência, o processo de aquisição desses conhecimentos e sua eficácia se mantêm mais ou menos inalterados em relação à antiga prática dos mestres de ofícios e seus aprendizes, desde tempos bíblicos. O trabalho supervisionado (que preferimos chamar *intervisionado*) continua sendo a grande fonte de transmissão de conhecimentos e habilidades. Nenhuma formação acadêmica (ou para-acadêmica) substitui a prática supervisionada como fundamento para aprender um ofício, seja ele qual for. Sabemos que tais formações estão antes a serviço das definições e reservas do mercado de trabalho do que da qualificação de seus praticantes; essa é função, sobretudo, de atributos pessoais do postulante, bem como de suas inclinações vocacionais ou habilidades específicas para o *métier* e de sua curiosidade epistemofílica voltada para o campo específico das atribuições profissionais a que se destina.

Aptidões para o exercício da função de mediador, pois, estão antes no preenchimento das condições requeridas para quem se disponha a exercê-la, e que foram mencionadas no item correspondente, do que na bagagem de conhecimentos especializados que tragam de suas profissões de origem.

A mediação em nossa experiência

A mediação foi se introduzindo em nosso trabalho à medida em que iniciamos nossas atividades com casais, famílias e empresas familiares. Em nossa prática como mediadores, procuramos não nos deixar cercear pelas teorias, utilizando, predominantemente, a bagagem vivencial que fomos acumulando em nosso percurso como terapeutas. No entanto, não há como escotomizar a contribuição dos referenciais teóricos que pavimentaram esse percurso e, entre esses, destaca-se o psicanalítico, por sua contribuição à compreensão dos conflitos determinantes da solicitação do ato mediador; a visão sistêmica, por sua abordagem das interações humanas sob a égide dos mecanismos de retroalimentação (feedback); a teoria da comunicação humana, pelo aporte à percepção de como se estabelecem os mal-entendidos e os caminhos para desmontá-los; o psicodrama, pelos recursos técnicos que nos oferecem para representar e externalizar os conflitos subjacentes e, last but not least, as noções de tarefa, processo e campo grupal como foram concebidas e transmitidas pela dinâmica de grupo e pela teoria dos grupos operativos.

A questão do gênero na mediação familiar

Por considerarmos a questão do gênero fundamental é que preferimos trabalhar em comediação, sendo os mediadores de sexos diferentes. Entendemos que o olhar feminino e masculino são diferentes e se suplementam no processo de mediação, além de tranquilizarem as partes, quando essas são de sexos diferentes (como na mediação dos conflitos de casais ou em situações que envolvem as diferenças de gênero em empresas familiares), de que não haverá alianças determinadas pelo sexo do mediador.

Outro fator que nos parece importante como contribuição da prática de comediação é poder um dos mediadores ficar mais na posição de observador das interações enquanto o outro se ocupa em promovê-las. Isso amplia o campo perceptivo dos mediadores, possibilitando-lhes, muitas vezes, detectar nuances importantes que passam despercebidas quando estão inteiramente focados apenas em sua intervenção mediadora e não no jogo interativo e nas características da comunicação entre as partes.

Em um processo de mediação, não podemos deixar de considerar o quanto determinados conflitos que são trazidos à tona mobilizam os mediadores. Uma outra vantagem da comediação é o fato de se minimizar a influência dos pontos cegos e a participação dos conflitos internos de cada mediador nas distorções perceptivas, que sempre podem ser corrigidas pelo intercâmbio de impressões entre ambos os mediadores, que se torna então imperioso no intervalo entre cada encontro com as partes mediadas.

Além dessa constante troca de impressões entre ambos os mediadores, é de suma importância que haja uma afinidade tanto ideológica quanto pessoal entre esses, sendo indispensável que o espírito solidário se sobreponha a qualquer competitividade existente, o que não quer dizer que não seja possível, e até desejável, que tenham opiniões diferentes, para possibilitar uma maior imparcialidade na condução da mediação.

Mediação e interdisciplinaridade

Por outro lado, a mediação interdisciplinar, entendendo por essa a que inclui profissionais com diferentes formações prévias (tais como psicólogos e advogados, por exemplo), torna-se por vezes enriquecedora, quando não imprescindível, quando se trata de questões que envolvem simultaneamente tanto aspectos psicológicos como jurídicos.

No entanto, mais do que a profissão de origem do mediador, é elemento determinante do sucesso do processo de mediação a disponibilidade do mediador em escutar os mediados e sua habilidade em intermediar soluções sem exacerbar os ânimos e permitir que alguma das partes chegue ao final como vencedora e a outra como vencida.

É ainda primordial que as partes se sintam igualmente respeitadas e plenamente confiantes nos mediadores, sem o quê o clima necessário para o processo mediador não se estabelece e esse, consequentemente, não avança.

A técnica da mediação

Temos por princípio deixar as partes inteiramente livres para trazerem às entrevistas aqueles que julgarem importantes para fornecer informações complementares, desde que tal presença seja aceita pelo oponente sem causar-lhe constrangimento por situação pré-existente. Entendemos que, quanto mais informações tivermos e quanto mais diferenciados sejam os olhares sobre a situação em mediação, maior será nossa capacitação para auxiliarmos as partes na resolução de seus impasses.

Após a primeira entrevista com as partes em conflito, podemos realizar uma ou várias entrevistas individuais para que ambas tenham espaço para se expressar livremente sobre o que entendem que possa prejudicá-los se comunicado diante do outro, ou que simplesmente não desejem expor na entrevista conjunta por razões de foro íntimo. Isso pode, por vezes acarretar um ônus ao trabalho do mediador, que deve estar atento para que o sigilo seja respeitado e não denunciar a outra parte o que lhe foi confiado na entrevista individual. Tanto quanto possível, evitar-se-á a formação desses "guetos" informativos, com o devido esclarecimento das partes sobre a conveniência de que possam tratar o mais abertamente possível suas divergências para levarmos a mediação a bom termo.

Apesar do que dizem certos autores e especialistas em mediação, não entendemos que se possa instrumentar um processo mediador sem nele colocarmos nossas emoções. Isso seria não só artificial como até mesmo contraindicado pelo distanciamento criado com as partes mediadas. Não somos robôs em ação e sim seres humanos que necessitam de seus referenciais afetivos para compreenderem o que se passa na vigência de um conflito entre nossos semelhantes.

O recurso psicodramático da troca de papéis (colocar-se no lugar do outro) não só pode ser valioso para mobilizar as partes mediadas como deve ser um exercício constante por parte dos mediadores para vivenciarem os sentimentos dos solicitantes da mediação.

É prioritário entrarmos em contato com o desejo de cada parte mediada para avaliarmos a possibilidade de uma solução negociada e tanto quanto possível consensual, lembrando que "con + senso" não significa que uma das partes se submeta a outra, mas ambas cheguem a um sentido comum. Para isso é preciso que os mediadores mobilizem as partes mediadas para que flexibilizem suas posições, viabilizando o surgimento de hipóteses alternativas que apontem para o objetivo da mediação, qual seja, que o resultado final não se constitua na violação dos direitos de uma das partes ou que haja um vencedor e um vencido, o que é indício de uma mediação malsucedida.

Uma técnica auxiliar que eventualmente podemos utilizar é a filmagem de uma entrevista e a sua discussão posterior com as partes, de tal sorte que essas possam se colocar na posição de observadores de suas próprias atitudes e formas de interagir, o que as auxilia a se darem conta de que, sem esse recurso, por vezes seria inviável.

O mediador é, acima de tudo, um facilitador da comunicação entre as partes e um decodificador dos mal-entendidos que costumam prevalecer na interação entre essas. Além disso, também deve ser alguém capaz de prover conhecimentos e informações necessárias para que a tomada de decisões seja a mais eficaz possível nas circunstâncias vigentes.

Muitas vezes, pode o mediador se valer de um membro da família para auxiliá-lo na interlocução entre as partes, quando esse tiver a credibilidade de ambos e a habilidade para funcionar como mediador auxiliar. Evidentemente, raros são os familiares que se disponibilizam ou têm capacitação para essa tarefa, mas quando os encontramos, são indubitavelmente de grande valia para nossa tarefa mediadora.

Enfatizamos uma vez mais que quaisquer sejam os recursos técnicos ou auxiliares de que nos utilizemos no processo de mediação todos eles devem se pautar pelo princípio básico do respeito às partes, a seus direitos humanos e ao desejo primordial de não terem desqualificadas suas reivindicações pelo mediador.

Quais seriam as diferenças entre mediação e terapia familiar?

Não há fronteiras perfeitamente demarcadas entre uma e outra. Toda a mediação tem efeitos terapêuticos, embora não seja esse seu propósito manifesto, assim como toda a terapia tem seu conteúdo e intenção mediadora. Poder-se-ia dizer que numa terapia individual o que um terapeuta procura fazer não é mais do que mediar os conflitos internos ou intrapsíquicos de seus pacientes. Por outro lado, um advogado na função mediadora, pelo ato da escuta, privilegiando a resolução de conflitos, está de certa forma exercendo uma função terapêutica. E tanto terapeutas como mediadores devem se caracterizar por essa disponibilidade para auxiliar na resolução de conflitos e se regem pelo primado da conciliação e busca da harmonia na interação entre os indivíduos.

Em resumo, como podemos caracterizar a função do mediador?

O mediador é um facilitador da comunicação e um promotor de interações entre as partes.

Seu papel primordial é transformar uma situação dilemática em uma situação dialética, entendendo-se essa por uma predisposição para a escuta do outro e de suas razões, pondo-se imaginária e idealmente no lugar desse outro.

O mediador atua como um levantador de hipóteses e fornecedor de informações.

Ajuda a pensar e busca outros profissionais e fontes de informação necessárias para alavancar o processo de mediação.

Focaliza suas intervenções no propósito de procurar uma solução tanto quanto possível consensual, evitando que da mediação saiam vencedores ou vencidos.

O futuro mais do que o passado é que monitora sua atividade.

Referências

Moore, C. W. (1998). *O processo de mediação*. Porto Alegre: Artmed.

▪ CAPÍTULO 9 ▪

PSICOTERAPIA DE CASAIS: UM MODELO TEÓRICO-TÉCNICO

Introdução

Desde 1980, atendo casais sistematicamente como uma modalidade de grupoterapia. A necessidade de buscar um melhor entendimento do grupo conjugal como um sistema e de ampliar as possibilidades de atendê-lo psicoterapicamente levou-me, nos anos seguintes, a buscar uma especialização em terapia familiar sistêmica no exterior. Estive, portanto, entre os primeiros profissionais brasileiros a buscar treinamento em terapia familiar, mas com uma peculiaridade: a motivação não era a preocupação em atender famílias a partir do paciente identificado de difícil acesso, como entre a maioria dos colegas, mas, sim, a partir do grupo identificado conjugal, para cujo atendimento os referenciais que possuía até então (o psicanalítico e o psicodramático) me pareciam não preencher as necessidades instrumentais de minha aproximação psicoterápica a esse grupo de singulares características.

É o casal um grupo? Essa é a primeira questão que se nos oferece quando pensamos na estratégia de como abordá-la psicoterapicamente.

Penso que, fora do contexto clínico, o casal não é um grupo, pois é uma relação diádica que poderia ser comparada estruturalmente a do terapeuta com seu paciente, numa psicoterapia individual. É a introdução de um terceiro no sistema — no caso, o terapeuta — que transforma o casal numa estrutura grupal, pois, só então, configura-se a interação não dual, que define a situação grupal.

Considerando, assim, o casal como um grupo, pela presença do terceiro interveniente, vejamos como atendê-lo psicoterapicamente. Tratei de fazê-lo fundamentado nos três referenciais teórico-técnicos mencionados, de tal sorte que, esquematicamente, poderia dizer que visualizo funcionalmente o casal como um sistema, trato de entendê-lo segundo a ótica psicanalítica e o abordo clinicamente com o auxílio de técnicas psicodramáticas. Assim, formulei um modelo teórico-técnico para sustentar minha práxis psicoterápica com casais a partir de três referenciais distintos, que foram se articulando em minha experiência clínica de uma forma que me pareceu relativamente satisfatória e adequada ao objetivo que tinha em mente, qual seja, tratar casais segundo o enfoque das impropriamente chamadas "psicoterapias breves". Digo "impropriamente chamadas" porque o que as caracteriza, em meu entender, não é a duração do atendimento e sim o trabalho em cima de um determinado foco conflituoso. Prefiro, portanto, chamá-las "psicoterapias focais" e, no caso do atendimento a casais, o foco está centrado nas disfunções da relação conjugal.

É esse modelo teórico-técnico para o atendimento de casais a partir de três referenciais distintos — o sistêmico, o psicanalítico e o psicodramático — que pretendo apresentar-lhes sumariamente a seguir.

As "regras do jogo" (enquadre ou *setting*)

Vou me referir genericamente a alguns aspectos que reputo importantes no estabelecimento de um padrão ou continente para o processo psicoterápico e a forma como o apresento ao casal.

Ainda que, como mencionado anteriormente, não priorize o fator duração do atendimento como elemento determinante da abordagem focal, creio ser útil colocar de saída ao casal que nossa tarefa compartida não se estenderá por tempo indeterminado, mas consistirá numa série de aproximadamente *dez a vinte sessões semanais de sessenta a setenta e cinco minutos cada*. Com isso busca-se não compactuar com a tendência inercial dos casais de cronificarem as situações conflitivas que motivaram a procura do atendimento. Paradoxalmente — embora por razões psicodinamicamente compreensíveis —, os casais tentam obter nossa conivência com seu projeto inconsciente de não alterar o *status quo* conjugal, por temerem as incertezas de uma mudança que possa ser vivida como catastrófica para os propósitos defensivos da aliança conjugal. Assim, ao tornar o casal ciente dos limites temporais dentro dos quais nos moveremos, não obstante me disponha a alterá-los para mais ou para menos sempre que convier a quebra de estereótipos, pauta-se dessa maneira o objetivo de introduzir, a curto prazo, o exame das situações conflitivas e a disposição de não aceitar pactos de resistência que tornem o processo psicoterápico tão cronificado e sem saída como costuma apresentar-se o contexto conjugal por ocasião da procura de ajuda.

Habitualmente, informo ao casal, por ocasião do contrato, que, a par da comunicação verbal, por vezes poderão ser utilizados recursos psicodramáticos (sobre os quais lhes ofereço sumária explicação, quando necessário), não só para permitir outras vias de acesso à compreensão de seus conflitos, como igualmente para tentar desatar certos "nós relacionais" que se formam a partir de certos mal-entendidos tão frequentes na comunicação entre os membros de um casal.

Também, já por ocasião do contrato, postulo ao casal a conveniência de ampliarmos seu comprometimento com o propósito de examinar, o mais amplamente possível, sua relação e o que o perturba; para tanto, antecipo que por vezes irei solicitar-lhes — à guisa do que metaforicamente denominei "temas para casa" — que realizem tarefas, entre duas sessões consecutivas, com o propósito de estenderem o trabalho psicoterápico para além do espaço convencional das sessões. Essas tarefas possibilitam não só mantê-los ocupados durante um período continuado com o "refletirem-se" como pessoas no campo especular da relação conjugal, mas também viabilizam o adquirirem consciência de que só alcançarão os objetivos a que se propõem com a terapia na medida em que aprendam a utilizar, por conta própria e no âmbito da intimidade compartilhada, os instrumentos epistemológicos que essa possa lhes oferecer.

Uma outra observação que faço durante a formulação do contrato — quando o casal possui filhos adolescentes ou já suficientemente amadurecidos para participar com proveito de uma sessão — sobre a eventualidade de incluirmos os filhos em algum momento do processo psicoterápico, com o que estaríamos dando origem a uma intervenção familiar que, no entanto, reputo ser bastante diversa da que ocorre numa terapia familiar convencional, pois, aqui, continua sendo o casal e seus conflitos o foco psicoterápico e os filhos são instados a comparecer apenas quando se os perceba por demais inseridos no contexto desses conflitos ou padecendo significativamente por suas consequências.

Por fim, estabeleço como regra básica o não iniciar uma sessão com um só dos membros do casal presente, bem como não aceito nunca entrevistas isoladas com algum deles, a não ser com a condição de ali encerrarmos a terapia do casal. Embora me pareça que essa é uma prática que se justifica pela própria natureza do atendimento psicoterápico em questão, como não é uma praxe universal entre os terapeutas de casal, entendo ser conveniente, imperativo até, dar conhecimento prévio ao casal dessa norma técnica e, se necessário, das razões que a sustentem; entre essas, para não me alongar no que possa ser de conhecimento geral para aqueles a quem se destina esta exposição, figura a necessidade de o terapeuta não ser depositário de "segredos tidos como inconfessáveis" de um para o outro membro do casal e que, não podendo ser instrumentados pelo terapeuta na interação com o casal, inviabilizam o processo psicoterápico.

Um breve comentário, de caráter predominantemente subjetivo, sobre critérios de indicação em terapia de casais. Aceito casais em tratamento sempre que:

1. os perceber suficientemente motivados para encontrar "via terapia" uma forma de atenuar o sofrimento psíquico a que foram levados por uma relação que não consegue ser minimamente satisfatória;
2. tenha um mínimo e necessário grau de empatia por ambos os membros do casal;
3. sinta que possa manter-me suficientemente equidistante e imparcial, sem tomar o partido de nenhum dos cônjuges nas desavenças que inevitavelmente mostrarão ao longo da terapia e nas quais buscarão, consciente ou inconscientemente, a cumplicidade do terapeuta.

Embora não me guie habitualmente por elementos psicopatológicos para pautar as indicações e, correspondentemente, as contraindicações da terapia de casais, sistematicamente a desaconselho em situações em que um ou ambos os participantes evidenciem sintomatologia do tipo paranoide, psicopático ou psicótico.

Excluindo tais situações e outras mais que, por sua singularidade, não seriam possíveis de se categorizar aqui, diria que meu critério pessoal para selecionar casais para o atendimento a que me proponho fundamenta-se, mais do que num diagnóstico clínico dos participantes, na avaliação da decisão conjunta de buscarem ajuda e no grau de motivação compartilhada, assim como no *feeling* contratransferencial de que, mesmo com as alegadas dificuldades para funcionarem como parceiros de uma relação conjugal, os sinta capazes de compartir uma experiência psicoterápica.

E com essas considerações sobre o que entendo como pré-requisitos para a abordagem psicoterápica de casais, passemos ao processo terapêutico propriamente dito e como o conduzo.

O processo

Como num jogo de xadrez, muitas são as "aberturas" para o início do processo psicoterápico. Num atendimento individual, geralmente cabe ao paciente propô-las e ao terapeuta acompanhá-lo na sequência de associações. Já numa terapia de casal, após a(s) entrevista(s) de avaliação — e a menos que angústias de maior intensidade vinculadas à situação conflitiva que motivou a procura de ajuda mobilizem a emergência espontânea de material associativo — o que mais frequentemente ocorre é o casal esperar pela iniciativa do terapeuta no desencadeamento do processo.

Tal como no jogo de xadrez, onde as aberturas podem ser distintas, mas não contrariam certos princípios básicos, também na terapia de casais elas não fogem à proposta fundamental de se conhecer o perfil dos cônjuges e sua história como casal.

Entre minhas aberturas favoritas está o que denomino "biografias cruzadas". Em lugar de solicitar aos membros do casal que cada um me forneça dados sobre si mesmo, proponho que cada cônjuge me conte o que sabe da vida do outro até o momento em que se conheceram. Assim, a par da obtenção de dados anamnésicos, já se cria uma situação interativa que, via de regra, aporta elementos significativos sobre o funcionamento do casal. Não raro constata-se como cada cônjuge desconhece aspectos relevantes da vida pregressa do outro e, ao solicitar que um dos "biografados" confirme se se sentiu adequadamente "retratado" pelo cônjuge, tem-se como resposta um enfático "não", seguido da correção do que entende tenham sido as distorções ocorridas. Noutras circunstâncias, com espanto, assinalam como vivências tidas como marcantes em sua história pessoal passaram em branco no relato do cônjuge biógrafo ou, ao contrário, acham que esse pôs ênfase em fatos que considera irrelevantes para traçar seu perfil individual.

Tais situações voltam a ocorrer quando, mais adiante, solicita-se que o casal nos fale de seu primeiro encontro ou das circunstâncias em que vieram a se envolver afetivamente; também encontramos versões díspares, quando não francamente contraditórias, ao se referirem à forma como planejaram e tiveram os filhos ou à maneira como interagem com os respectivos pais, irmãos e demais parentes, bem como com os amigos em geral.

Após essa fase inicial de (re)conhecimento mútuo, sigo adiante com os jogos interativos, utilizando-me com frequência do exercício psicodramático da troca de papéis, para oportunizar — através da experiência do "meter-se na pele do outro" — a vivência identificatória com os sentimentos do(a) parceiro(a), ampliando,, assim a possibilidade de percebê-lo(a) de forma distinta da habitual, pela permuta projetivo-introjetiva que, então, se estabelece, ensejando o exame de suas divergências sob um distinto enfoque, evitando o modo estereotipado como os casais discutem, cada qual encastelado em seus próprios pontos de vista e argumentos.

Todo o processo, como dissemos anteriormente, está a serviço de quebrar esses estereótipos que os casais estabelecem em sua relação íntima e, assim, mobilizar a disposição para acionar as mudanças pretendidas.

O psicoterapeuta é, sobretudo, um agente de mudanças. O rumo que essas tomarão não é sua atribuição determinar; sua função é tão somente catalisar o que esteja latente nas motivações inconscientes dos membros do casal, de tal sorte que esses possam redirecionar seu destino: ou à manutenção do vínculo em bases mais satisfatórias ou à sua dissolução, com o menor sofrimento possível para as partes envolvidas (incluindo-se aqui os filhos).

O término

Vejamos agora como geralmente dá-se o término dos atendimentos de casal no modelo que adotamos.

Como a abordagem centra-se nos desajustes atuais do casal e o objetivo primordial é mobilizar os cônjuges a encontrarem suas próprias soluções e saídas para os impasses a que chegaram, tão logo esse objetivo se delineie, ou haja indícios de que o casal está cônscio dos caminhos a percorrer, trato de ir encaminhando a terapia para sua conclusão. Por vezes o término é abrupto: em determinado momento, há um consenso do par terapeuta-casal de que é chegada a hora de pormos um final em nossa tarefa compartida, seja porque a levamos a bom término ou porque nos pareça que fomos até onde era possível; noutras ocasiões, no entanto, quando se percebe uma tendência de os cônjuges retornarem à situação inercial em que se encontravam ao procurarem a terapia tão logo essa se interrompa, tratamos de manter o vínculo, mas espaçando as sessões, que passam a ser, então, quinzenais ou mensais, até que possamos reverter essa tendência ou ao menos dar-lhes subsídios para que possam seguir instrumentalizando as necessárias mudanças relacionais para uma melhor qualidade de vida conjugal.

Ilustração clínica

Vamos a seguir sumariar o atendimento de um casal monitorado pelos principais acontecimentos e intervenções ocorridas ao longo do processo psicoterápico, intercalando alguns breves comentários quando esses se fizerem necessários para clarificar o que está subjacente a cada movimento ensaiado pelo casal ou proposto pelo terapeuta no curso do referido processo. Deixaremos, contudo, ao leitor que faça suas próprias inferências sobre a compreensão psicodinâmica do material clínico apresentado.

> *Adão e Eva são um casal na faixa dos trinta anos quando procuram ajuda, tendo quatro filhos, cujas idades oscilam entre 4 e 12 anos. Ela se queixa de que ele é muito sovina, retentivo, obsessivo e a impede de se desenvolver profissionalmente, cobrando-lhe maior atenção à casa e às crianças, e só parece abrandar sua oposição a que ela se dedique mais à sua profissão quando constata que isso está proporcionando algum aumento significativo da renda familiar com a contribuição dela. Por seu turno, ele alega que ela é esbanjadora, dispersiva, desorganizada ao extremo e está sempre criticando-o por alguma coisa. Ambos estão em atendimento psicoterápico, individual (ele) e em grupo (ela).*
>
> *Após uma sessão inicial, onde a tônica foi a repetição das queixas referidas na entrevista de avaliação, num clima de muito ressentimento e desqualificações recíprocas, ambos, dirigindo-se sempre ao terapeuta, como se um juiz esse fosse, e evitando entreolhar-se, sugere-se como "tema para casa" que ambos examinem, um sentado diante do outro e olhando-se nos olhos, qual é a contribuição de cada um à desarmonia do casal. Pontuo que a pauta do exercício não é responsabilizarem um ao outro, mas cada qual examinar o que entende seja sua própria contribuição ao mal-estar conjugal.*
>
> *Na sessão seguinte (segunda após o contrato terapêutico), ao narrarem como realizaram o "tema para casa" mostram que o entenderam justamente no sentido que lhes foi apontado que deviam evitar tomá-lo, ou seja, desfiaram um rosário de mútuas acusações.*

Durante a realização das biografias cruzadas então proposta, observamos que cada um traz de sua família de origem um idioma ou dialeto privado, ao qual o outro não tem acesso, e, embora estejam em diversos momentos dizendo exatamente a mesma coisa, não reconhecem esta equivalência em suas falas e procedem como se fossem dois estrangeiros sem uma tradução que os faça tornarem-se inteligíveis um ao outro. Essa metáfora é utilizada para tentarmos o acesso ao padrão de incomunicabilidade do casal, propondo-nos a funcionar como o aludido tradutor entre eles. Também se tornou evidente ao terapeuta, com algum reconhecimento por parte de ambos, que, paradoxalmente, haviam procurado a terapia com uma forte disposição a "manter tudo como estava", ou seja, não mudarem sua forma de interagirem.

Manteve-se a prescrição do mesmo "tema para casa" da sessão anterior.

Na 3ª sessão, Eva inicia dizendo que Adão saiu-se muito bem na realização do tema. Pergunto-lhe que nota lhe daria: diz que dez! Adão, um tanto contrafeito, concede que Eva também se saiu bem, mas não quer atribuir-lhe nota. Queixa-se de que Eva o "obrigou" a segurar-lhe a mão dizendo que não seria mais tão exigente com ela nem a massacraria com as reiteradas admoestações para que não gaste tanto. Sugiro, então, uma dramatização em cima da cena mencionada e verifica-se que a atitude de Eva era a de uma professora submetendo o aluno a uma prova de "competência" marital. O clima criado durante e após a dramatização permite um primeiro momento de descontração do casal e alguns lances de humor compartilhados por nós os três. Verifica-se, contudo, que Eva, na verdade, tem a firme convicção de que é, de longe, a menos responsável pela desarmonia do casal.

Mencionei acima o humor e aproveito o ensejo para enfatizar sua importância na criação do clima terapêutico apropriado para que o "drama" conjugal se suavize e se crie uma saudável predisposição lúdica na relação do casal. É como se o espaço da sessão fosse também o de oportunizar a ambos o resgate de núcleos infantis criativos e, assim, ensejar uma maior flexibilidade nos papéis adultos a serem representados na sua cotidianidade doméstica. Isso quer me parecer — como, aliás, confirmou-se com esse mesmo casal, ao tratarmos num momento posterior da terapia, aspectos de sua vida sexual — de extrema importância para tornar a "cama" um lugar de prazer e ludicidade e não de "obrigações" e "desempenhos". Entendo os jogos sexuais como um equivalente adulto do brincar compartilhado da criança e só são capazes de proporcionar genuína satisfação mútua se entretidos sob a égide desse espírito lúdico que se evoca com a introdução do humor na trama do casal. E, para que a terapia possa auxiliá-los no resgate e manutenção do bom humor, indispensável à qualidade de vida familiar e social, é que o privilégio no contexto do processo psicoterápico.

> *Chegamos a 4ª sessão onde retomam-se as biografias cruzadas que haviam ficado incompletas. Conforme já foi referido, após cada relato indago sempre se o biografado se achou adequadamente retratado ou se quer acrescentar algo que ficou omisso e que julga digno de registro. Adão conta, então, que, quando seus pais casaram, a mãe ganhava tanto ou mais do que o pai; que sempre viveram em aperturas financeiras e que o clima em casa era "pessimista" com relação às possibilidades de melhorarem seus ganhos. O pai à mesa sempre adotava um tom didático, ministrando ensinamentos morais e fazendo comentários que denotavam a repressão sexual subjacente, como quando disse a Adão durante seu namoro com Eva: "Veja lá se não vais te desgastar com uma moça tão cheia de vida!"*

Ao final, dramatizamos uma cena que representaria uma conversa de Adão com sua mãe, com Eva no papel dessa, com o propósito não só de ampliar o conhecimento da relação de Adão com sua mãe, menos evidenciável até então, como o de investigar o modo como Eva percebia sua sogra.

Na sessão seguinte, a 5ª, detivemo-nos, então, na biografia de Eva narrada por Adão, onde esse ressaltou a figura de um avô dela, um imigrante ambicioso, que, desde sua chegada, traçou o objetivo de casar-se com a filha de algum figurão da comunidade. O pai de Eva aparece descrito como um indivíduo autoritário e a mãe como uma mulher decidida, ativa, mas com certa frieza emocional.

Dramatizações propostas no decorrer da sessão: Adão e Eva, cada qual representando sua própria família, dirigindo-se a um objeto (almofada) que simbolizaria o casal e dizendo como os veem como cônjuges e quais seus prognósticos quanto a relação desses. Na sequência, Adão e Eva são convidados a se dirigirem a suas respectivas famílias, simbolizadas noutras duas almofadas, dizendo-lhes em que contribuíram para o modo como agora se relacionam como casal.

Na 6ª sessão, trabalha-se sobre os papéis estereotipados dentro do casal: ele assumindo tudo que se refira a deveres e obrigações e ela, o que possa representar prazer e ausência de compromissos. No exercício de troca de papéis, pudemos investigar os ganhos secundários da fixação dessa postura para ambos, já que experimentar contentamento e permitir-se mais lazer é, para Adão, "abandonar" as obrigatórias identificações com o pai e ver-se confrontado com as expectativas desse de que ele seja, acima de tudo, um cidadão responsável e trabalhador; enquanto para Eva, progredir profissionalmente e tornar-se a coprovedora da família é correr o risco de se aprisionar no modelo da mulher (avó), que servirá de trampolim para que o marido (avô) suba na vida e a desfrute à sua custa.

O tema para casa foi que fizessem a listagem do que cada um desejaria do outro para sua satisfação conjugal, cuja discussão ocupou praticamente toda a sessão seguinte (7ª).

Na lista dela figurava: que ele fosse mais atuante como pai e esposo, menos inseguro, mais companheiro, carinhoso, atencioso e sexualmente mais maduro, que soubesse se pôr no lugar dela, que tivesse uma visão menos limitada da vida, percebendo seu real valor e que vivesse mais no presente que no passado.

Na relação dele constava: que ela soubesse melhor o que quer da vida e soubesse balancear seu tempo entre a família e o trabalho, soubesse ser doce, meiga e reclamasse menos, fosse mais adulta, refletisse antes de agir, mantivesse a calma e aprendesse a ouvir, pudesse colocar-se no lugar dele e aceitasse opiniões diferentes das suas.

Como vemos, um item é comum a ambas as listagens: que cada um soubesse se pôr no lugar do outro. Isso nos suscita um outro comentário.

O casal é uma unidade com características simbióticas latentes que emergem nas disfunções conjugais. Há um desejo de que o outro preencha lacunas existenciais que remontam à primitiva relação pais-filho(a). Assim, boa parte das frustrações da vida em comum desse casal, como de tantos outros, reside na expectativa não cumprida de que o outro preencha tais lacunas transferenciais. Como ambos têm a mesma necessidade de resgatar no outro o pai ou mãe que tiveram (ou não tiveram e esperam agora encontrar na relação conjugal), não há disponibilidade para oferecer ao outro o que falta a cada um. Essa situação é, provavelmente, a principal razão dos impasses na relação conjugal.

A dramatização proposta nessa sessão abordou a questão das rivalidades fraternas, emergentes na discussão que se seguiu a análise do tema para casa, onde ficou patenteado o quanto ambos se ressentiam do lugar ocupado pelos respectivos irmãos na atenção e afeto dos pais.

Na 8ª sessão, encontrámo-los, assim, modulando suas expectativas em relação à terapia: ela, otimista e esperançosa, ele, pessimista e cético, o que, aliás, são suas atitudes habituais na vida em geral. Isso nos enseja a oportunidade de propor-lhes um movimento em direção ao futuro, com o exercício de imaginar como estarão como casal daqui a cinco anos, após o qual trabalhamos em cima da ideia de que, como o futuro está por construir-se, necessariamente não precisa repetir o passado e repousa em nossos potenciais criativos a possibilidade de alterá-lo.

Esse exercício prospectivo propiciou também o ingresso do tema "filhos" no contexto de suas narrativas e reflexões, considerando-se, nessa oportunidade, a hipótese de convidá-los a acompanhar os pais a uma sessão próxima (configurando o que denominamos intervenção familiar no transcurso de uma terapia de casal).

A sessão seguinte (9ª), inicia-se com comentários sobre as desavenças do casal em relação ao modo como encaram o manejo das finanças e as queixas habituais dele de que ela esbanja dinheiro e dela, de que ele, além de controlar em demasia seus gastos, não considera como trabalho as horas que ela dedica aos afazeres domésticos. Proponho-lhes, como tema para casa, que elaborem juntos um orçamento doméstico, estabelecendo uma avaliação em unidades de serviço da hora/trabalho de cada um nas atividades domésticas. Para minha surpresa, ao relatarem a feitura do tema na sessão posterior (10ª), revelaram que esse lhes trouxe um grande prazer e o realizaram num clima lúdico e descontraído, o que sugere, além de um câmbio na interação do casal, o significado do dinheiro como elemento motivador e aglutinador no contexto dessa relação conjugal.

Como a sessão foi presidida pelo fator "fantasiar" (no caso, manipular pela fantasia o valor que se pode atribuir ao dinheiro como produto do trabalho), sugere-se como tema para casa o seguinte: ganharam 100 mil reais na loteria e cada um, independentemente, vai decidir o destino que o casal dará a esse montante.

Na 11ª sessão, o tema foi por eles apresentado da seguinte maneira: Adão decidiu aplicar todo o dinheiro e dos dividendos vai retirando parcelas para o que considera prioritário para a família: educação, saúde e melhorias na casa. Eva, por seu turno, daria metade do dinheiro para Adão a fim de livrar-se de suas pressões econômicas e o restante gastaria em: lazer (férias, passeios, festas) para todos, saúde (tratamentos dentários, cuidados estéticos para ela e filhas), renovação do guarda-roupa e decoração da casa, cursos de extensão em sua área profissional.

A proposta evidencia que ele permanece detendo o poder sobre os ganhos do casal, enquanto ela acha inviável administrar em conjunto os bens, preferindo separá-los para que cada um gaste como melhor lhe aprouver e não há lugar para poupanças na cota que se atribuiu.

Dramatização, então, sugerida: Eva é uma viúva de parcos recursos cujo filho adolescente (papel designado para Adão) quer um aparelho de som. Na cena representada, muito rapidamente Eva cede aos rogos do filho para dar-lhe o aparelho. Dou-lhe, então, a instrução de que, mesmo que com sacrifícios possa dispor da quantia para a aquisição do aparelho, negue o pedido do filho, alegando outras prioridades da vida doméstica de ambos (ou seja, o que, segundo ela, é o que Adão faz habitualmente). Eva outra vez acaba cedendo aos argumentos do filho, que contrapõe às razões da mãe a importância do prazer de ouvir música para seu desenvolvimento pessoal (observe-se o brilho nos olhos de Adão ao permitir-se durante a cena reivindicar prazeres que habitualmente nega-se a si próprio no seu cotidiano existencial). Proponho ainda uma terceira cena: Eva não possui o dinheiro para atender o pedido do filho. Adão, no papel do filho adolescente, a convence a obtê-lo através de pedidos para que tome empréstimos de vizinhos ou parentes, ou venda bens ou pertences pessoais (relógio, anel), propondo-se a abrir mão de mesadas futuras ou presentes de Natal e aniversário. Sugiro uma inversão de papéis, em que ele fará o papel de um viúvo e ela o de uma filha adolescente que quer convencê-lo a deixá-la ir a um baile e comprar o vestido para a ocasião. Adão "convence" a filha a trabalhar para ele, auxiliando-o no escritório até levantar o dinheiro necessário para que ela compre o desejado vestido. Na reflexão que se seguiu, as cenas dramatizadas adquirem certo insight da dificuldade de saírem dos papéis estereotipados em que se encontram na "vida real" e da constatação de que, sem alterá-los, será difícil, não só manterem uma relação conjugal mais satisfatória, como também alcançarem uma melhor qualidade de vida individual.

Na 12ª sessão, através de jogos dramáticos de cunho lúdico com inversão de papéis (como, a cena em que fazem dois irmãos aliando-se no intuito de conseguirem permissão dos pais para fazer uma festa para amigos, onde ele devia representar o otimista e ela a pessimista), volta à cena a infância de ambos e com isso retorna-se à ideia de trazerem os filhos para uma sessão.

A 13ª sessão transcorre com a presença dos filhos. Faz-se dramatização da hora do almoço familiar. Todos se queixam do "pão-durismo" de Adão. Ele, por sua vez, queixa-se da falta de comando dela, no que é secundado pela filha mais velha.

Há um clima "infantilizado" geral: um dos filhos assume uma postura de bebê sedutor com a mãe, outro fala como se fora uma criança menor, a mãe se porta como se fosse uma adolescente pouco dotada intelectualmente, o pai parece um garoto chorão e queixoso e à filha mais velha parece ter restado o papel de única adulta da família, o que faz, mas com visível contrariedade.

Percebe-se aí o movimento regressivo da família, provavelmente desencadeado pela resistência dos pais em assumir sua condição adulta e abandonar suas demandas infantis não satisfeitas, cada qual à espera de que o cônjuge o faça.

A 14ª sessão focaliza o relacionamento sexual de ambos, onde Adão responsabiliza os pais por suas inibições e "deficiências" nessa área, com a concordância e consequente atitude compreensiva de Eva, que, no entanto, diz esperar que ele não passe a vida toda alegando isso e trate de "amadurecer" sexualmente. Curiosamente, nessa sessão Eva, ao contrário do que ocorre habitualmente, não mostra uma postura infantilizada e de quem se conforma com o papel de irresponsável na dupla conjugal, assumindo uma atitude mais adulta e quase maternal com Adão, que parece encolher-se, intimidado com as cobranças de Eva.

Num dado momento da sessão, oportuniza-se o trabalho com as imagos parentais de ambos, e, usando a técnica do alter ego, digo ao ouvido de Adão: "Já pensaste que depois de todos esses anos a Eva começa a se parecer uma mãe para ti?". Ele me olha, espantado e exclama: "Eis aí uma pergunta que tenho me feito recentemente!". E, ao ouvido de Eva, sem que ela saiba da indagação que fiz ao ouvido de Adão, sussurro: "E se puderes pensar que ele agora não está intimidado e amedrontado com tuas cobranças, mas sim com as que a mãe, quem sabe, costumava fazer dele?". Ela fica surpresa, meditativa e comenta estar gostando da técnica que estou empregando.

Ao final da sessão, trazem comentário de um dos filhos sobre como a mãe está se vestindo melhor atualmente, mais como uma mulher adulta vaidosa e menos como uma adolescente displicente e desajeitada. Indago como cada qual sentiu essa observação. Eva diz que o filho com isto estaria criticando o pai por não a elogiar como deveria fazê-lo. Adão, por sua vez, observa que o filho está, como de costume, fazendo um jogo sedutor com a mãe. Eva comenta que isso é o que ele gostaria de fazer com sua própria mãe e ele admite.

Na 15ª sessão, introduzimos um balanço geral da terapia para encaminhá-la a seu final. Fazem uma listagem dos temas que abordaram para avaliarem se deixaram algo de fora: examinaram a relação deles com suas respectivas famílias de origem (biografias cruzadas), com os filhos, no campo profissional e financeiro, na vida sexual e o que chamam relações "pessoa a pessoa" entre eles. Talvez não se tenham detido na sua vida social e com os amigos.

Dou cinco minutos a cada um para falarem, sem a interferência do outro, sobre o que acham que adquiriram na terapia sobre o conhecimento de como cada um contribui para o mal-estar conjugal: Adão observa que o mais nocivo é a competição existente entre eles, com evidentes prejuízos para os filhos, no seu entender; acha que tem enfeixado muito o controle do dinheiro e que deveria ter tentado ajudar mais

Eva a aprender a lidar com a administração das finanças domésticas. Eva, por seu turno, acha que aproveitou, usando as sessões como veículo para seus "desabafos", com a convicção de que Adão não a impediria de fazê-lo aqui, como faz em casa, pela ação de minha presença; acha que Adão segue não sabendo avaliar a capacidade dela de ganhar dinheiro ou administrá-lo, mas que conseguiram mais consenso em relação à educação e manejo dos filhos.

Peço para colocarem em percentuais como valorizam seus progressos como casal e Adão estabelece um "pessimista" 25% e Eva um "otimista" 75%.

Na 16ª sessão voltam a discutir como em ocasiões anteriores e, empregando a técnica da "dublagem", intervenho no papel de Adão falando para Eva: "No fundo acho que tens toda a razão; estou discutindo só por teimosia". Eva fica impactada, sem saber como prosseguir e a discussão se dilui.

Na 17ª sessão, que combináramos que seria a penúltima, adoto uma técnica "condicionante". Com a ajuda de uma lâmpada vermelha, digo que a acenderei para sinalizar sempre que, na interação entre eles, um manifestar qualquer queixa sobre o outro. Divertem-se muito com o exercício e, ao final, me pedem o score, ou seja, qual deles sofreu mais "penalizações".

A sessão final transcorre com um espontâneo exercício de prospecção ao futuro e ambos referem ter muito material para prosseguirem examinando sua relação nas respectivas terapias que seguem fazendo.

Esse foi um atendimento que fiz nos meus primeiros anos de experiência em terapia de casais. Em relação à técnica adotada e sua evolução posterior cabe assinalar que hoje em dia emprego muito menos dramatizações mobilizadoras do que naquela época. A tônica é muito mais na visualização sistêmica do casal e no trabalho em cima das interações do casal durante a sessão, bem como no enfoque prospectivo, buscando antes comprometê-los com a busca de mudanças para uma melhor qualidade de vida para ambos no futuro do que em "remexer" o passado na tentativa de ajudá-los a entender as origens do mal estar conjugal. Isso, contudo, não significa que me aproxime de uma abordagem comportamentalista, pois as intervenções são sempre balizadas pelo propósito de ressignificar, através da reflexão compartilhada, os sentimentos externados e, sempre que possível, identificar e discutir com o casal as motivações inconscientes de suas atitudes no contexto da interação conjugal.

▪ CAPÍTULO 10 ▪

UM MODELO DE REFERENCIAÇÃO ("FORMAÇÃO") EM TERAPIA DE FAMÍLIAS

Referenciação ou formação?

A expressão *formação*, referindo-se ao treinamento e especialização de profissionais da área *psi*, surgiu com a psicanálise, a partir do modelo tripartite (análise pessoal, supervisão e seminários teóricos) criado por Eitington a pedido de Freud. Essa expressão, consagrada pelo uso, estendeu-se a outras áreas e sistemas teóricos, hoje identificando especializações distintas, tais como a formação em psicodrama, gestalt-terapia, dinâmica de grupo, terapia familiar sistêmica, grupoterapias etc.

Como não julgo inocente a escolha das palavras para identificar aquilo a que se propõem, penso que a opção, no caso presente, trai a intenção precípua de quem a propôs ou adota: caracterizar um processo de ensino calcado na ideia de "colocar numa forma desejável e pré-concebida" os desígnios profissionais dos discípulos dessas correntes ou escolas psicoterápicas, consoante postulações e interesses de seus mestres; por isso prefiro usar a expressão "referenciação" para caracterizar o modelo de treinamento ou especialização que preconizo e proponho. Trata-se de oferecer aos postulantes à especialização buscada marcos referenciais teóricos pré-existentes que possam balizar ou guiar seu trabalho clínico, deixando-os livres para escolherem os que lhes pareçam mais adequados a preencher suas expectativas pessoais quanto a orientação que possam lhes fornecer e estimulando-os a buscarem um caminho próprio que evite adesões acríticas ao pensamento alheio e se alicerce, antes, na criatividade que exercitem do que na imitação a que se habituem.

Diria ainda — sob a égide da origem das palavras — que nosso propósito não é *ensinar* (in + signo: pôr a marca em alguém) e sim *educar* (e + ducare: conduzir para fora o conhecimento em potencial existente em cada educando).

Tendo em vista essa posição ideológica no que diz respeito à tarefa de educar novas gerações de terapeutas, vamos a seguir traçar os delineamentos gerais do modelo de referenciação em terapia de casais e famílias que há cinco anos aproximadamente vimos adotando, que se pauta pela flexibilidade e inclinação à constantes transformações e aperfeiçoamentos, para absorver o que a evolução das ideias e nossa própria experiência sugiram. Enfim, coerentes com essa postura de não dogmatizar e não rejeitar o conhecimento alheio pelo simples fato de o desconhecermos, esse modelo não é rígido e mesmo nesse curto espaço de tempo, já apresentou significativos câmbios.

Um modelo de aprendizagem da terapia de famílias

Conteúdos teóricos

Com relação aos conteúdos teóricos é nossa convicção que, antes de estudarmos as disfunções familiares que motivam a busca de atendimento ou passarmos logo a abordagem das técnicas preconizadas pelas distintas escolas ou correntes de terapia familiar, como fazem inúmeros centros formadores, faz-se mister que se introduzam os distintos conceitos de família, bem como que se faça uma revisão das várias modalidades que a estrutura familiar assumiu através dos tempos até chegar à sua feição contemporânea e às transformações por que vem passando nesses tempos de aceleradas mudanças tecnológicas e socioculturais. Também entendemos ser pertinente o estudo pormenorizado do ciclo da vida familiar em suas nuances e variações ocorridas pelas referidas transformações como pré-requisito ao entendimento das vicissitudes da vida familiar e escolha dos procedimentos para mitigá-las.

Só após essa visão panorâmica sobre a evolução da família até nossos tempos e o estudo dos papéis e funções dos diferentes membros do grupo familiar no seu contexto atual (levando-se em conta suas singularidades conforme o meio socioeconômico e cultural onde se insere), é que passamos ao estudo das contribuições dos vários marcos referenciais teórico-clínicos ao atendimento da família, recordando-se que nosso enfoque é multidisciplinar, abrangendo tanto a teoria psicanalítica como a sistêmica, além das contribuições do psicodrama e a valorização dos conhecimentos de dinâmica de grupo e grupos operativos como substrato à abordagem do grupo familiar.

Supervisão ou intervisão?

Mais uma vez, cá estamos às voltas com o significado das expressões e a conotação que emprestam ao que pretendem conceituar. O termo *supervisão* denota uma postura hierarquizante, colocando quem supervisiona como detentor de um suposto saber que irá transferir ao aprendiz do ofício mediante a prática do trabalho supervisionado. Ora, na verdade o que se oferece na condição de *supervisor* é apenas um outro olhar, com o distanciamento crítico (vantagem), mas sem a *presencialização* (desvantagem) da experiência clínica vivenciada. Por isso preferimos denominar *intervisão* ao trabalho compartilhado de examinar-se o que se passou na sessão terapêutica, onde o *supervisionado* conta com o benefício da vivência experimentada e o dito *supervisor*, com o da experiência acumulada e da observação externa, supostamente isenta.

Quanto à prática da supervisão do *outro lado do espelho unidirecional*, prática comum entre os terapeutas de família da linha sistêmica, não a adotamos por nos parecer, conforme já mencionado, que inibe a espontaneidade do terapeuta em treinamento e tolhe sua criatividade. Também não nos valemos da prática de exibir vídeos com sessões por nós conduzidas, para não induzir à prática de imitar-se um modelo alheio pela inclinação a idealizar-se o saber e o comportamento dos *mestres*; por outro lado, cada sessão tem sua história e desenrolar único, e não permite sua generalização ou transposição para outras situações vivenciadas pelo mesmo ou distintos terapeutas.

Além do relato ou exibição de vídeos de sessões conduzidas pelos alunos para o trabalho de intervisão, pensamos ser também útil a *consultoria interna*, onde o professor entra na sala e participa da sessão, com a devida anuência da família, justamente como quem vai apenas oferecer um "outro olhar" sobre a situação em pauta, sempre com o cuidado de qualificar junto à família o terapeuta em treinamento como o coordenador do processo terapêutico, que irá continuar sob sua orientação após essa intervenção pontual do *intervisor*.

Grupos de reflexão sobre vivências familiares dos terapeutas

No modelo tripartite que regulamenta a formação psicanalítica segundo os critérios da IPA (International Psychoanalytical Association), fundada por Freud, a análise didática dos candidatos é considerada peça primordial. Na origem do treinamento dos terapeutas de família da linha sistêmica, não se estabeleceu exigência equivalente à da formação psicanalítica, permanecendo em seus fundamentos o eixo seminários teóricos/trabalho supervisionado.

À medida em que foram se sucedendo as gerações de terapeutas de família, percebeu-se a necessidade de, a exemplo do que postulavam os psicanalistas quanto à importância de seus praticantes se analisarem antes de analisarem seus pacientes, possibilitar-lhes oportunidades de examinarem melhor suas próprias relações familiares durante seu preparo para atender famílias alheias.

Assim surgiram as práticas denominadas "trabalhar a família do terapeuta" ou ainda "trabalhar o *self* do terapeuta" (onde se denota uma preocupação que vai além do mero exame das relações do terapeuta com sua família de origem para levá-lo a exercícios de *insights* sobre sua realidade psíquica, revelando a valorização do autoconhecimento como ferramenta indispensável para o exercício de funções psicoterápicas). Tais atividades, hoje extensamente incluídas nos cursos para terapeutas de famílias, são, guardadas as devidas proporções, o equivalente da análise didática no modelo tripartite da formação psicanalítica, evidenciando o reconhecimento, mesmo pelos terapeutas de famílias sistêmicos, da importância de se ter um maior conhecimento de nosso mundo relacional interno para se exercer a função de terapeutas.

Ainda que longe de poder proporcionar o grau de aprimoramento do instrumento psíquico que se propõe a oferecer a experiência continuada de uma análise pessoal, cremos que tais práticas, agregadas à referenciação dos terapeutas de famílias, só lhes acrescentem valor.

Utilizando-nos do modelo operativo dos grupos de reflexão aplicados à área de aprendizagem (Dellarossa 1979, baseado em Pichon-Rivière), estabelecemos um espaço vivencial denominado *grupos de reflexão sobre as vivências familiares* em nossos cursos para terapeutas de casais e famílias, onde os alunos trazem suas reflexões sobre as famílias de origem e suas famílias atuais para compartilhar com o grupo de colegas sob nossa coordenação. Para auxiliar o aporte de informações sobre suas respectivas famílias, os alunos são encorajados a se valerem dos meios que julguem melhor expressar suas impressões e sentimentos, desde a clássica apresentação do genetograma[3] comentado até a apresentação de fotos, vídeos, desenhos, textos ou melodias evocativas, e tudo o mais que sua escolha espontânea e criativa proponha.

Esses momentos são subdivididos em duas fases: *apresentação* e *revisão*, de duração variável conforme o número de participantes da turma e as necessidades de cada um (até que a experiência nos indique um tempo médio conveniente para reservar a tais vivências), destinando-se o segundo deles à avaliação por parte do apresentador, com o auxílio dos demais componentes do grupo e do(s) coordenador(es) do curso, do impacto moblizador de tais vivências, bem como de sua contribuição potencial ao trabalho de cada um com as famílias que atende.

Seguindo os delineamentos técnicos e os propósitos dos grupos de reflexão, evitamos que tais momentos se transformem em "sessões psicoterápicas", embora reconhecendo, com Pichon-Rivière, que, na prática, aprendizagem e terapia se confundem. Alguns de nossos alunos têm emergido de tais exercícios vivenciais sobre suas relações familiares mobilizados para continuar, examinando tais relações no contexto de terapias individuais ou grupais fora do âmbito do curso.

---

[3] Preferimos esta denominação a "genograma", já comprometida com a designação do exame laboratorial, para determinar o perfil genético de um indivíduo.

Considerações gerais

A linha mestra da referenciação que propomos apoia-se no tripé conhecimentos-habilidades-atitudes. Ora, conhecimentos se adquirem, habilidades se exercitam e atitudes radicam-se em traços de caráter, posturas ideológicas e valores prévios com que os alunos chegam ao processo de aprendizagem de uma determinada prática profissional. Entendemos que sejam sobretudo as atitudes que qualificam um terapeuta de famílias, mas é justamente em seu aprimoramento que qualquer metodologia de ensino mostra limitações. Temos procurado em nosso modelo de aprendizagem pôr ênfase no desenvolvimento de atitudes capazes de potencializar a função cuidadora dos terapeutas de família.

Os cursos por nós ministrados anos atrás em instituições privadas (Grupos, em Florianópolis e Clínica Dimensão, em Goiânia) pautavam-se, em linhas gerais, pelos critérios do MEC quanto à carga horária mínima para os conteúdos teórico-práticos e exigências de trabalho supervisionado, bem como a elaboração de uma monografia final para a obtenção do título de especialista. Frise-se, contudo, que a obediência a tais critérios visa, sobretudo, atender aos interesses dos próprios alunos na obtenção de uma titulação que os credencie no mercado de trabalho, pois, em nosso entender, um adequado preparo para o exercício da prática como terapeutas de famílias transcende o cumprimento de exigências burocráticas.

Por outro lado, quanto à seleção de alunos para tais cursos, pensamos que, menos do que a área de graduação prévia do candidato (medicina, psicologia, serviço social, enfermagem e outras disciplinas no campo da saúde), importam as condições pessoais e as inclinações vocacionais do futuro aluno. Nossa experiência tem nos confirmado que não é a faculdade de onde saiu o terapeuta de família e sim seu perfil psicológico e seu talento inato para a função cuidadora que o trabalho terapêutico exige o que determina sua adequação para o mister.

Os cursos são ministrados em módulos teórico-práticos com duração média de quatro horas, constando cada módulo de três momentos distintos: 1) discussão do material teórico previamente indicado; 2) ilustração prática (através de apresentação de material clínico, *role-playings*, filmes, peças teatrais ou obras literárias); e 3) grupos de reflexão sobre as atividades realizadas e/ou sobre as vivências familiares dos alunos.

Esses módulos estão distribuídos em blocos sucessivos assim sequenciados:

1. *Introdução ao estudo do casal e da família*, onde se abordam as distintas conceituações de família, sua origem e evolução através dos tempos, os papéis e funções familiares e suas redefinições na família contemporânea, os novos paradigmas relacionais dessa família em função das reconstruções familiares, a questão da sexualidade e do exercício da autoridade e poder nas famílias e, finalmente, os diversos ciclos da vida familiar, bem como algumas vicissitudes desse ciclo, tais como perdas, separações, doenças, migrações etc.
2. *Disfunções da vida familiar*, onde se estudam os distúrbios da estrutura familiar por separação do casal ou cisões intra e intergeracionais, dos vínculos familiares (rigidez ou lassidão), da identidade do grupo familiar (aglutinação ou dispersão) e do comportamento intrafamiliar (perversões sexuais, abandonos, abuso de poder).
3. *Teorias que referenciam a prática com casais e famílias*, enfocando a psicanálise e o paradigma intrapsíquico, a dinâmica de grupo e o paradigma interrelacional, os grupos operativos e o paradigma vincular, o psicodrama e o paradigma representacional e a teoria sistêmica e o paradigma comunicacional.

4. *Teoria da técnica*, onde são apresentadas as abordagens do trabalho clínico feitas pelas principais escolas ou correntes psicanalíticas e sistêmicas, bem como a contribuição do psicodrama.
5. *A terapia de casais e suas especificidades, a partir de um modelo referencial psicanalítico – psicodramático – sistêmico.*
6. *A família e a empresa familiar: como abordá-las enquanto sistemas que se interpenetram*, onde tratamos de questões relativas às fronteiras entre os dois sistemas, o problema sucessório e as interfaces entre gestão de negócios e fatores humanos.
7. *Como entender e atender famílias sem a "camisa de força" das teorias*, onde a tônica é desenvolver o estilo terapêutico de cada aluno.

Referências

Dellarossa, A. (1979). *Grupos de reflexión*. Buenos Aires: Paidós.

CAPÍTULO 11

ÉTICA EM TERAPIA DE FAMÍLIAS

(Direitos humanos na prática psicoterápica)

A expressão *direitos humanos* é relativamente recente na concepção em que a utilizamos atualmente. Desde a antiguidade greco-romana existia a noção de direitos humanos "naturais", que no entanto restringiam-se aos homens livres e adultos da espécie, pois não incluíam os direitos das mulheres, crianças e escravos.

Podemos tomar como marco referencial da origem do conceito moderno dos direitos humanos a chamada "Declaração dos Direitos do Homem", conforme foi elaborada e aprovada na Assembleia Geral das Nações Unidas, em 10 de dezembro de 1948.

A noção de *direitos humanos* articula-se com a de *deveres humanos* e ambas, por sua vez, consubstanciam o corpo da *Ética* (de *ethos*, comportamento), disciplina que se ocupa do *que deve ser* no domínio da ação ou comportamento humano. O campo da ética é o do *juízo de valores*, não o do *juízo da realidade* (*o que é*). Deste ocupam-se outras disciplinas no campo das ciências humanas, tais como a *psicologia* e a *sociologia*.

Portanto, o que estamos aqui nos propondo a abordar é a interface entre *juízos de valores* (ética, direitos humanos) e *juízos de realidade* (aplicação das teorias e descobertas no campo das ciências humanas ao tratamento dos conflitos interpessoais).

Para introduzir meu enfoque do tema e, simultaneamente, enfatizar a sua complexidade, vou me valer de um enunciado filosófico que me parece um adequado ponto de partida para as reflexões que seguem. Trata-se do imperativo categórico de Kant e que nos diz que devemos "agir sempre de modo que possamos querer que o motivo de nossas ações seja uma lei universal".

Essa afirmação kantiana pode ser apresentada sob versões menos sofisticadas e mais familiares para todos nós, como nos provérbios que todos conhecemos "faça a outrem o que desejas que façam a ti" ou "procede como gostarias que procedessem contigo" ou ainda "ama teu próximo como a ti mesmo".

Fácil de dizer, difícil de fazer, não é mesmo?

Que o nosso direito termina onde começa o do próximo todos sabemos e postulamos. Mas quem os define? Como estabelecer os limites entre o que julgamos que ainda é território dos nossos direitos e o que nosso próximo julga que já é do seu? E o que, afinal, tudo isso tem a ver com a ética em nossa prática de terapeutas de famílias?

Utilizando-nos do paradigma sistêmico e do modelo referencial da retroalimentação, queremos recordar que toda a atitude (tomada aqui no sentido de juízo de valor e, portanto, pertencente ao campo da ética) no *setting* terapêutico desencadeará retroalimentações sequenciais que afetarão a relação e o processo terapêutico mais, ou muito além, do que o objetivo a que esse se propõe.

Quando se fala em direitos humanos na prática psicoterápica provavelmente a imensa maioria dos leitores está pensando nos direitos humanos dos pacientes. Mas e o dos terapeutas? Lembram-se daquele filme intitulado *Nosso querido Bob*, onde um paciente encarna na vida de seu terapeuta e inferniza as férias deste junto com sua família? E onde ficam também os direitos humanos dos colegas ou profissionais de áreas afins no exercício de nossa atividade como terapeutas de famílias, para onde tantas vezes confluem desde as questões de nossos códigos de ética profissionais até as razões bem mais pragmáticas do mercado de trabalho que todos disputamos?

Proponho-me a discutir neste tópico não os direitos humanos dos pacientes no contexto das relações terapêuticas, já extensamente abordados por outros autores, mas as questões atinentes e pertinentes aos direitos humanos e à ética profissional nesta área ainda nebulosa e, de certa forma, tabu, qual seja, a de nossas relações interprofissionais no campo das terapias de família.

Quando, em meados da década de 1960, iniciava minha atividade profissional, havia uma forte pressão dos médicos psiquiatras para que a emergente categoria dos psicólogos não exercesse atividade clínica, ou seja, não praticasse psicoterapia, limitando-se à aplicação dos testes psicométricos ou assessorando escolas e empresas no trato com alunos e funcionários, respectivamente. Alegava-se que tudo o que dissesse respeito a "terapias" restringia-se à área médica. Tratar era, pois, uma atividade exclusiva dos médicos. Os psicólogos não passavam, então, para os psiquiatras, de "testólogos" e se, paradoxalmente, eram admitidos na convivência daqueles nos congressos da chamada psiquiatria dinâmica, era porque, por seu crescente número, constituíam um indispensável sustentáculo financeiro para a realização de tais conclaves, uma vez que os laboratórios deixaram de patrocinar encontros onde discutia-se a substituição dos medicamentos psicotrópicos por práticas psicoterápicas de inspiração psicanalítica. Tudo, como vemos, tendo como pano de fundo a questão da reserva de mercado de trabalho.

Concomitantemente, assistia-se a um movimento similar por parte dos engenheiros civis contra o ingresso dos arquitetos, tidos como meros "decoradores de ambientes", em seus domínios. Eram esses impedidos de edificar construções de mais de um pavimento sob a alegação de que lhes faltava conhecimentos de engenharia estrutural para fazê-lo, assim como aos psicólogos, imputava-se falta de conhecimento sobre o substrato orgânico das doenças mentais, o que poderia acarretar equívocos quanto ao diagnóstico e graves consequências para a evolução dos clientes. Edifícios poderiam cair se erguidos por arquitetos e pacientes poderiam morrer se atendidos por psicólogos. Eis o resumo da ópera.

Passaram-se os anos e hoje vemos nos dísticos colados nos para-choques dos carros recomendações quanto a contratar um arquiteto, se nossa intenção é construir uma moradia, e a atividade dos engenheiros civis foi ficando restrita ao cálculo dos projetos estruturais das casas e edifícios ou à execução dos projetos feitos pelos arquitetos. Por seu turno, os psicólogos ocuparam os espaços psicoterápicos de tal forma que aos psiquiatras resta a função de "receitólogos" de psicofármacos ou o atendimento nosocomial dos doentes mentais mais graves.

Assim, se, por exemplo, aos psicólogos até um par de décadas atrás era vedado o ingresso em grande parte dos institutos de formação de psicanalistas, reduto dos médicos psiquiatras herdeiros de Freud, hoje já são seguramente a maioria dos candidatos em formação nesses institutos. E agora vemos os psicólogos agirem em relação a outras categorias profissionais, como a dos assistentes sociais, fazendo as mesmas restrições que um dia sofreram e os querendo excluir da prática das terapias familiares, território sobre o qual pretendem a hegemonia e exclusividade antes alegada pelos psiquiatras para a prática psicoterápica em geral.

Tudo, enfim, sob a indisfarçável motivação da reserva de espaços privilegiados no mercado de trabalho, valendo-se para tanto das mais elaboradas racionalizações, a fim de justificar o bloqueio ao acesso a esse mercado por parte das especialidades emergentes.

Esse é um fenômeno contemporâneo evidenciável em todas as atividades profissionais, com o surgimento e expansão de novas profissões nascidas à luz do acelerado progresso da tecnologia e do conhecimento humano.

Mas o que pretendemos com tais considerações no estrito âmbito do tema que propomos abordar aqui? Pois nada além de justificar e enfatizar o direito de todos ao trabalho profissional especializado, desde que devidamente qualificados para o exercício de seus misteres, independentemente dos títulos universitários que os precedem. A rapidez com que, em nossos dias, ocorre o surgimento de novas atividades laborais, bem como a vertiginosa transformação das profissões tradicionais em função das aquisições do processo civilizatório, não permite que se estagne o fluxo da evolução humana em direção a um futuro onde o valor de um profissional não se medirá pelos títulos acadêmicos que acumulou em sua carreira, e sim pela capacidade adaptativa e transformativa de seus conhecimentos, habilidades e atitudes.

Somos operários da construção dos direitos humanos em nossa sociedade. É preciso fazê-lo no cotidiano de nossas ações existenciais e no contexto de nossa atividade profissional. E o fio condutor a nos conduzir nesse processo será, inequivocamente, o soberano respeito ao direito alheio e às singularidades do ser humano.

Assim como entendo que nossa atitude ética em relação a nossos pacientes no contexto de uma terapia familiar funda-se no respeito a seus sentimentos e no reconhecimento de seus direitos humanos, atitude essa monitorada por nossa capacidade de "pôr-se na pele do outro" em toda e qualquer circunstância do agir terapêutico, penso que nossa atitude ética em relação aos profissionais de nossa como de outras áreas afins deve se alicerçar em idêntica postura de respeito e reconhecimento de seus direitos ao mercado de trabalho, exercitando a prática de nos colocarmos em seu lugar e avaliar como gostaríamos de ser por eles tratados se trocássemos de posição e papéis.

A competição selvagem e desprovida de lastro ético de nossos dias tem sido, por outro lado, um óbice ao desenvolvimento da interdisciplinaridade, corolário da mentalidade grupal que aponta para um novo estágio nas relações interpessoais, em busca da solidariedade indispensável para assegurarmos nossa sobrevivência como espécie e o contínuo aperfeiçoamento da condição humana. A cooperação é o imperativo ético de nossas categorias profissionais para que possamos ser coerentes com nossas propostas interacionais na promoção do bem-estar sistêmico que almejamos para as famílias que atendemos. E para isso, nada como "agir sempre de modo que possamos querer que o motivo de nossas ações seja uma lei universal".

▪ CAPÍTULO 12 ▪

EN (A) TENDENDO EMPRESAS FAMILIARES

O atendimento de famílias acabou por conduzir-nos ao trabalho com empresas familiares, o qual focaremos neste capítulo.

Tradicionalmente, as empresas buscam ajuda, sob a forma de consultorias, para assessorá-las em dificuldades relacionadas com a gestão de seus negócios. Ultimamente, contudo, vem ocorrendo uma progressiva conscientização por parte dos dirigentes de empresas familiares — e lembremos que cerca de 95% das empresas em nosso país são empresas familiares — de que os fatores humanos são tão ou mais importantes do que as questões técnicas ligadas à gestão dos negócios. Os relacionamentos interpessoais mostram-se mais difíceis de manejar do que os aspectos puramente gerenciais e o desconhecimento de como lidar com os conflitos existentes na família, e que transpõem as portas da empresa, tem sido responsável pelo insucesso de muitas empresas familiares ao longo de sua trajetória.

Portanto, não basta bem administrar os negócios para que uma empresa seja bem-sucedida; é preciso também saber administrar as relações humanas no seio da família e da empresa.

Os conflitos interpessoais não só repercutem negativamente nos resultados buscados pela empresa como afeta a qualidade de vida dos que nela trabalham, desmotivando-os.

As relações familiares e de trabalho se "simbiotizam" na realidade cotidiana das empresas familiares. Uma das primeiras questões a examinar e entender ao nos aproximarmos de uma empresa familiar é como estão as fronteiras entre os sistemas, família e empresa. Disso nos ocuparemos no tópico a seguir.

Fronteiras família/empresa

Curiosamente, a origem etimológica da palavra *família* nos remete ao vocábulo latino *famulus*, que significa *servo* ou *escravo*, sugerindo que, primitivamente, considerava-se a família como sendo o conjunto de escravos ou criados de uma mesma pessoa. Quer nos parecer, no entanto, que esta raiz etimológica alude à natureza possessiva das relações familiares entre os povos primitivos, onde a mulher devia obedecer ao marido como se seu amo e senhor fosse e os filhos pertenciam a seus pais, a quem deviam suas vidas e, consequentemente, esses se julgavam com direito absoluto sobre elas. A noção de posse e a questão do poder estão, portanto, intrinsecamente vinculadas à origem e evolução do grupo familiar, bem como das empresas, como veremos mais adiante.

Lembre-se ainda que a noção de *empresa* traz em suas vertentes etimológicas o sentido de *aprisionamento* (im + prendere: prender dentro) como a sinalizar as dificuldades da instituição empresarial de separar-se de suas origens familiares e adquirir vida própria e autônoma.

Todas as ideias emergentes sempre foram apresentadas com o auxílio de metáforas, para melhor elucidá-las. A metáfora nada mais é, como sugere sua própria etimologia, do que a transposição de um sentido próprio, já conhecido, a outro, figurado, que pelo mecanismo analógico torne o desconhecido (ou ainda só parcialmente conhecido) mais bem apreendido.

Vou aqui utilizar-me da metáfora da evolução dos seres humanos para acessar a questão das fronteiras entre a família e a empresa nas empresas familiares.

Assim como um embrião se desenvolve inicialmente no corpo da mãe para depois sair dele e se constituir num ser com uma identidade própria, a empresa sai do corpo da família para se constituir noutro sistema com características e identidade próprias:

A empresa familiar nasce da família e, num processo similar ao da separação/individuação dos seres humanos, adquire sua identidade própria como instituição, embora, a exemplo do que também ocorre com os seres humanos, mantenha sempre características que lembram a matriz de onde se originou. Os vínculos institucionais da empresa com a família que lhe deu origem assemelham-se aos do indivíduo com seus respectivos pais, podendo ser tão próximos que adquirem um caráter simbiótico (sem uma bem definida separação/individuação) ou já tão distantes e descontinuados que pouco remetem à sua ascendência.

No processo de constituição da empresa familiar, pode acontecer que o crescimento da empresa ocorra às custas de um empobrecimento da identidade familiar original e até mesmo da perda de sua coesão ou ameaça de desestruturação dos laços familiares:

O contrário também poderá suceder, quando, por exemplo, uma empresa esteja preocupada em achar lugar em seu organograma para todos os membros da família, mesmo quando esses careçam de qualificações para ocupá-lo.

Uma empresa familiar poderá não crescer ainda porque a família privilegia as hierarquias dentro do sistema familiar e não está disposta a fazer concessões que abalem privilégios e supostas competências pré-designadas em nome do progresso da empresa.

Nesses casos pode ocorrer uma detenção ou paralisação no crescimento da empresa, e até mesmo sua extinção:

Há situações em que, por inadequada percepção das fronteiras família/empresa, por mau gerenciamento das áreas compartilhadas ou pela agudização de conflitos familiares pré-existentes à criação da empresa, ambas, família e empresa, possam se empobrecer: a família, por não poder providenciar melhor qualidade de vida para seus membros e a empresa, por não poder melhor prover o sustento de seus associados.

Rivalidades exacerbadas entre membros da família podem ser transpostas para a empresa e nela criar um desgastante processo competitivo, com repercussão na eficiência da empresa e, retroativamente, nas relações familiares, de tal sorte que família e empresa familiar poderão dissociar-se e até mesmo antagonizar-se, com a correspondente perda de vitalidade de ambas:

O desejável é que ambos os sistemas possam experimentar a sensação de que se beneficiaram com sua associação, promovendo não só a prosperidade material como o bem-estar de todos.

Família e empresa familiar poderão crescer juntas, somando esforços e competências, num clima solidário, no qual o prazer da convivência acrescenta-se ao do trabalho ludicamente compartilhado:

Família e empresa têm, obviamente, áreas compartilhadas, mas é importante que tenham espaços próprios, onde se preservem suas identidades peculiares. Além disso, é preciso que haja flexibilidade em ambos os sistemas, de tal sorte que, numa situação em que a família seja afetada (por exemplo, por enfermidade grave ou morte súbita de algum de seus membros), o espaço por ela ocupado possa ser priorizado; assim como em função, digamos, de uma crise conjuntural na economia do país ou por disfunções na estratégia para atender necessidades do mercado, a família se mobilize para ampliar o espaço dedicado à empresa:

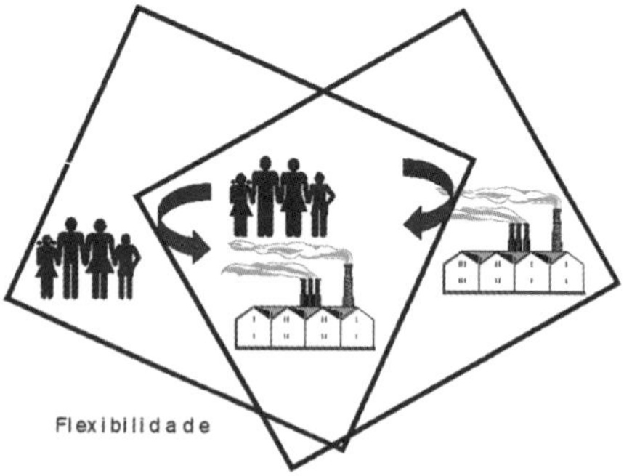

Famílias e suas empresas devem *suplementar-se* (o que é distinto de *complementar-se*) se quiserem ser bem sucedidas, ou seja, é preciso que de sua interação ambas saiam *acrescentadas* e não *esvaziadas* de conteúdos inerentes à identidade grupal ou institucional que as define no contexto cultural em que se inserem.

As famílias e as empresas que formam precisam ser ajudadas a estabelecer suas fronteiras como espaços demarcadores de identidades e competências e não como rígidas alfândegas que impedem o trânsito fluido das mercadorias que têm a intercambiar e que são, de um lado, as qualidades humanas dos membros da família e sua criatividade laboral e, de outro, por parte da empresa, o espaço para a realização de projetos de vida compartilhados, de multiplicação de esforços dispendidos, de ampliação do patrimônio coletivo e de transcendência dos objetivos imanentes à condição humana na eterna busca do estado de bem-estar social.

O problema sucessório

> Os problemas relacionados com a sucessão
> e a herança se produzem, precisamente,
> nas interações entre o sistema da família
> e o sistema da empresa.
>
> (Rosenblatt, em *Family in Business*, 1985).

A questão da sucessão necessita ser examinada, portanto, a partir das fronteiras entre a família e a empresa e para seu enfoque é de extrema valia a contribuição do paradigma sistêmico e de sua abordagem das interações humanas, por desfocarem a questão da dicotomia geracional, evitando colocar o problema na formulação simplista do "com quem estão os direitos" ou "quem deve ceder para quem" ou "a quem dar razão".

Por outro lado, não levar em conta os fatores emocionais presentes na interface entre a família e a empresa talvez explique porque menos de um terço das empresas familiares sobrevive à passagem da primeira para a segunda geração.

Como a empresa começa por seu ou seus fundadores, a primeira questão a formular ao tentarmos compreender as vicissitudes do processo sucessório é porque mais de dois terços dos fundadores de mais de 50 anos ainda não encaminharam o processo sucessório.

Muito se fala do perfil autocrático e centralizador dos fundadores de empresas, de sua habitual dificuldade em delegar funções de liderança e abrir mão do poder que detêm, dos conflitos geracionais que eclodem no parto sucessório, e outras tantas questões circunjacentes, mas queríamos aqui pôr ênfase no que nos parece ser o ponto nevrálgico da questão sucessória do ponto de vista de quem vai ser sucedido e que está contida nos dilemas vinculados à questão da finitude humana e o enfrentamento da morte.

Imaginemos o fundador de uma empresa familiar, cuja maior parte de sua vida foi exercendo a direção, enfrentando a situação de sair *em definitivo* de seu comando ("para nunca mais retomá-lo"), tendo que se abster daquela que provavelmente foi a grande motivação de sua vida profissional, para enfrentar uma aposentadoria sem retorno. Pode-se deixar de considerar o seu intenso luto e, quem sabe, a decorrente impossibilidade de abrir mão do poder de que se acha detentor para passá-lo a seu(s) herdeiro(s)?

Por isso julgamos que a sucessão bem encaminhada tem que contemplar a necessidade do sucedido de continuar com direito a continuar participando de um projeto de vida e não simplesmente palmilhando a estrada em direção ao fim.

A sucessão não pode se constituir na troca de um projeto de vida por um projeto de morte, o que acarretará o fim prematuro do sucedido e a instalação de um sentimento de culpa persecutório, de danosas consequências, para o sucessor.

Mas se essas são ponderações a serem levadas em conta pelos sucessores, os sucedidos precisam igualmente considerar que muitas mudanças ocorreram no mundo em que vivem e nas relações entre as gerações desde que fundaram suas empresas. De certa forma, como assinalava M. Mead, prestigiada antropóloga norte-americana, os pais hoje são como imigrantes no mundo de seus filhos, que se tornaram, pela primeira vez na história da humanidade, capazes de ser mestres de seus pais, em razão da aquisição de conhecimentos e aptidões aportadas por avanços tecnológicos desconhecidos ou ainda não incorporados pela geração anterior. Portanto, a tão alegada experiência dos mais velhos deixou de ser um argumento definitivo e universal para justificar seu maior preparo para o exercício do comando de suas empresas.

No encaminhamento da questão sucessória há que ter em conta também a necessidade, cada vez mais evidente no mundo contemporâneo, de conviver-se com as diferenças. Há que respeitar e acolher a diversidade dos seres humanos, percebendo nessa diversidade não um fator adverso e sim um elemento que agrega valores na realização de tarefas compartilhadas.

O exercício da liderança nos dias atuais pressupõe a aceitação dessas diferenças e, no caso da relação entre sucessores e sucedidos, não há como deixar de considerar a hipótese de que tenham diferentes visões de mundo, além de distintos projetos de vida. Isso também é de suma importância quando está em tela a decisão sobre quais filhos devem e quais não devem permanecer na empresa.

A boa sucessão deve ainda contemplar a possibilidade de que nem todos queiram continuar a saga empresarial da família. Se para alguns a continuação na empresa pode significar a plena satisfação de suas aspirações e o trajeto para sua realização pessoal, para outros pode representar uma sobrecarga e a renúncia a um projeto de vida em maior conformidade com suas competências, habilidades e desejos.

Por outro lado, se alguém for excluído no processo sucessório por julgar-se que seu perfil não se coaduna com o desejado pela evolução ulterior da empresa, é importante do ponto de vista da manutenção do bom relacionamento familiar que se conotem positivamente suas qualificações, mesmo que essas não sirvam à empresa, pois todos nós necessitamos do reconhecimento alheio para nosso desenvolvimento pessoal, além de que ressentimentos por uma exclusão não aceita ou sem opções que a compensem levam quase sempre à atitudes sabotadoras.

Nem sempre os que permanecem na empresa são os privilegiados e os que saem, os prejudicados. O que sai pode sentir-se privilegiado pela oportunidade de realizar seu projeto de vida sem se submeter às expectativas da família para que assuma funções na empresa, enquanto o que fica pode sentir-se privado das oportunidades de revelar suas aptidões onde essas pudessem ser mais bem apreciadas e valorizadas.

Uma família, assim como a empresa de onde se originou, deve ser capaz de transmitir o orgulho de a ela pertencer, mesmo para os que, por opções de seu projeto de vida e pelo saudável exercício da autonomia, dela se distanciam.

A questão do gênero nas empresas familiares

> Ao deixarmos de uma vez por todas uma economia baseada no poder dos músculos e passarmos para outra que se radica no poder da mente, isso elimina desvantagens fundamentais no caso das mulheres".
>
> (Toffler em Previsões e premissas, 1983)

A igualdade de direitos, deveres e opções entre os sexos é a pedra de toque das transformações por que passa a família contemporânea e se projeta no futuro sob a forma de um novo padrão relacional entre homens e mulheres (e onde a força física deixa de ser, como apontou Toffler, fator de desequilíbrio).

Essa mudança de paradigma na relação entre os sexos em nossos tempos não poderia deixar de trazer consequências para a empresa familiar, como trouxe para a família. Pensamos que não só é lícito como desejável a participação da mulher na condução das empresas, familiares ou não.

Como afirmamos anteriormente, há uma riqueza potencial na diversidade. Homens e mulheres são diferentes, sim, não só na anatomia como em suas características psicológicas, e é nossa convicção que homem e mulher podem não só se complementarem como ainda se suplementarem (ou seja, acrescentarem qualidade) como companheiros de trabalho e no exercício de funções de liderança.

Nas empresas familiares as mulheres têm revelado sua força e importância, mesmo quando não exercem funções na gestão dos negócios. São elas muitas vezes as guardiãs do sonho familiar que gerou a empresa e, como temos constatado em nossa experiência com empresas familiares, podem ser valiosas mediadoras dos conflitos internos que surgem entre os membros da família no seio da empresa.

Não obstante — e para não ficarmos apenas num tom laudatório que pode tangenciar a ingenuidade —, em outras tantas ocasiões encontramos as mulheres fora do comando das empresas, mas não das famílias, exercendo um poder subterrâneo e o controle implícito das ações do marido e filhos no mundo dos negócios.

Não se pode entender a família de hoje, nem as empresas familiares, sem analisá-las à luz dessa busca de um novo equilíbrio no jogo de poder entre seus membros: entre marido e mulher, em função da nova ordem sexual e da redistribuição de papéis, tanto no contexto familiar como no mercado de trabalho; entre pais e filhos, pela ascensão do poder jovem e a consequente revisão da autoridade parental; e entre irmãos, pela necessidade de substituir posturas de rivalidade por um padrão de cumplicidade e solidariedade, para fazer frente ao mundo competitivo de nossos dias.

Relações empresa familiar/atividade laboral

Tudo indica que o emprego é uma entidade em extinção, quer no âmbito público como privado. É na raiz dessa realidade que está o ressurgimento, com força total, das empresas familiares no mercado de trabalho. Elas que, aliás, sempre foram maioria significativa das empresas em geral, e são, em última análise, a fonte de todas as formas de organização das relações de trabalho desde tempos imemoriais.

Quer nas micro como nas macroempresas familiares, as relações interpessoais entre os membros da família são onipresentes, tanto no que se refere a seu potencial gerador de conflitos como de realizações solidárias. Esses fatores humanos, que estão ao lado ou se superpõem às questões ligadas à gestão dos negócios, estão intimamente ligados à satisfação imprescindível não só ao bom êxito da atividade laboral como à própria saúde mental de quem trabalha numa empresa. Afinal, é no seio da família e no ambiente de trabalho que passamos a maior parte de nossa existência e se esses se confundem, como ocorre nas empresas familiares, mais razões para que possam interferir na qualidade de vida dos que nelas labutam.

Estamos em tempos de inovações, transformações e questionamentos do saber e viver acumulados; mas para haver renovação, é preciso haver resgate. Para haver uma renovação da atividade laboral, é preciso haver o resgate de suas origens na família, onde o trabalho era fonte de vida, de saúde, de prazer, assim como era um instrumento para a sobrevivência coletiva e proporcionava bem-estar social aos que o compartilhavam.

Na espiral ascendente da evolução humana, a empresa retoma sua feição familiar para ressignificar o trabalho, para reelaborar sua função solidária no fazer do pão nosso de cada dia, que nutre não só o corpo como igualmente o espírito, pela cumplicidade em sua feitura.

Quem sabe será no trabalho realizado em conjunto no seio da família, do qual Toffler já nos oferecia uma visão prospectiva em sua imagem da cabana eletrônica da terceira onda, que o homem irá resgatar a essência de sua condição humana e estabelecer um novo ciclo em seu projeto transcendente de ascender a uma melhor qualidade existencial e que é comum a todas as culturas.

A empresa familiar é o *locus* por excelência dessa busca do sentido original do trabalho como fonte de criação coletiva, da realização solidária permeada do prazer lúdico das tarefas compartilhadas e do reencontro com a natureza gregária do ser humano na sua herança animal de prover o sustento e facultar a procriação da espécie no regaço do grupo primordial — a família.

Há, pois, algo que transcende o ressurgimento do trabalho em família e que o coloca além da simples situação conjuntural de fazer frente à crise econômica ou repensar o gigantismo massificador e desumanizante das empresas convencionais de nossa época, padrão "linha de montagem", onde os operários passam a ser engrenagens num sistema que privilegia o produto e não quem o faz ou irá utilizar. E este algo se vincula ao reaparecimento de antigas formas de aprendizado e execução compartida de atividades laborais, cimentadas pelo prazer da convivência que podem proporcionar.

Se por um lado a empresa familiar apresenta-se como um modelo viabilizador da requalificação do trabalho neste limiar do novo milênio, por outro, representa uma opção de inegáveis potencialidades na atual conjuntura socioeconômica brasileira como expressão dos mecanismos autorreguladores da sociedade que são, em última análise, o que determina o ritmo do progresso de uma nação.

Cuidar da família e / ou da empresa?

Essa é uma questão sempre presente nas inquietações que nos trazem os dirigentes de empresas familiares. E já na forma como colocamos o título deste tópico, resumimos nosso pensamento a respeito, fundamentado na visão sistêmica.

Ao cuidarmos da empresa, estamos cuidando da família e vice-versa. Portanto, a alternativa *ou*, a nosso ver, está equivocada. É cuidar de uma *e* de outra.

Evidentemente, como já assinalamos, há momentos em que uma está a requerer mais atenções que a outra e aí é preciso maleabilidade para que a convergência de esforços se dirija ao sistema que está mais vulnerável. O que seria desaconselhável é que, continuadamente, priorize-se uma em detrimento da outra e isso pode ocorrer quando, nas mencionadas ocasiões de maior vulnerabilidade de uma ou outra, se cristalize a noção de que aquela que estiver fragilizada deve doravante receber permanentemente atenção e cuidados, que serão subtraídos da que esteja supostamente mais saudável, o que, a médio ou longo prazo, irá igualmente fragilizar a outra.

Desde logo, não há fórmula mágica para se prevenir conflitos numa família ou empresa. Conflitos fazem parte da vida e são inerentes à condição humana. Tanto que, como lembrou alguém jocosamente, nem existe uma palavra para designar ausência de conflitos.

Não há porque temer ou esconder a cabeça na areia, à moda dos avestruzes, cada vez que um conflito se instala na vã expectativa de que, como os temporais, eles passem e a bonança se instale, até porque, como se passa com a natureza, essa não será definitiva e outros temporais ocorrerão.

Conflitos se manejam, se negociam, são mediados e por aí se resolvem, até que outros se instalem, para ser novamente manejados, negociados ou mediados. Quanto mais cedo e corajosamente reconhece-se sua existência e inevitabilidade, mais eficazes poderão ser as medidas tomadas para mitigar seus efeitos nocivos. Pensamos mesmo que, assim como em certas artes marciais utiliza-se a própria força do oponente para derrubá-lo, os conflitos poderão ser utilizados para superar os próprios obstáculos que parecem criar; para o quê, contudo, será indispensável incrementar o grau de mútua tolerância, o que só será obtido com muita conversa, recordando a etimologia dessa palavra que quer dizer *mudar juntos* (con + versare).

Referências

Mead, M. (1970). *Culture and Commitment: a study on the generation gap*. N. York: Natural History Press/Doubleday Inc.

Rosenblatt, P. C. (1995). *La familia en la empresa*. Buenos Aires: El Ateneo.

Toffler, A. (1983). *Previsões e premissas*. Rio de Janeiro: Record.

CAPÍTULO 13

ATENDENDO FAMÍLIAS SEM A "CAMISA DE FORÇA" DAS TEORIAS E DAS TÉCNICAS NELAS INSPIRADAS

Teorias nascem, sob a forma de hipóteses, a partir da observação da realidade dos fatos. Ou seja, da prática. E depois de elaboradas, as teorias fornecem subsídios ou ferramentas para uma melhor e mais acurada observação dos fatos. Portanto, teoria e prática são indissociáveis no campo epistemológico. Há diferenças importantes, contudo, na forma como essa interação se faz, nas ilações que suscita e nos resultados que venha a apresentar.

Mentes criativas observam a prática e elaboram teorias. Mentes imitativas utilizam teorias para instrumentar sua práxis. E o conhecimento não pode prescindir da criação que abre fronteiras nem da imitação que as consolida. Tanto o pensamento criativo como o imitativo são indispensáveis para dinamizar a espiral ascendente do pensamento humano. E pode-se afirmar que, desde o advento do pensamento humano, não há criação pura: toda ela, de certa forma, está alicerçada num conhecimento prévio. Assim, por extensão, pode-se dizer que toda a prática está influenciada por teorias prévias. No entanto, temos que libertar a práxis das teorias que a sufocam se quisermos deixar emergir o conhecimento novo e criativo. Isso não é, como pode parecer a uma observação menos atenta, uma afirmação paradoxal: os mesmos cuidados indispensáveis ao desenvolvimento de uma criança nos primeiros anos de vida podem obstaculizar sua evolução em anos posteriores; há que deixá-la com suficiente liberdade para aprender de sua própria experiência, a fim de realizar seu potencial como indivíduo.

Freud, sem dúvida uma das mais criativas mentes de nossa época, descobriu o inconsciente dinâmico e, a partir dessa descoberta, criou todo um sistema referencial para a abordagem psicoterápica dos conflitos humanos. A teoria compreensiva dos processos mentais por ele criada sustentou a práxis da técnica psicanalítica no âmbito da relação dual paciente-analista.

Da observação dos processos mentais em seus pacientes e em si próprio (autoanálise) — prática — Freud estabeleceu hipóteses e, a partir delas, elaborou uma *teoria* da técnica psicanalítica que, enriquecida com as contribuições de seus discípulos, foi compondo o corpo estrutural de um *método psicoterápico* específico ao contexto do campo bipessoal da situação analítica.

Pelo processo imitativo, certos psicanalistas procuraram extrapolar esse método para o contexto grupal, ou multipessoal, dando origem à denominada *psicoterapia analítica de grupo* ou *grupanálise*. Da mesma forma, estabeleceram os parâmetros técnicos para o atendimento de famílias com o referencial psicanalítico. Tinha-se uma teoria e dela extraiu-se uma derivação prática em outro contexto, que não o original.

Indubitavelmente, foi a partir do surgimento da psicanálise que a prática psicoterápica se institucionalizou com um substrato teórico que a fundamentasse, e o surgimento de uma técnica que a instrumentalizasse. Mesmo a terapia familiar sistêmica, embora partindo de outro paradigma teórico, não pode negar a influência da psicanálise no estabelecimento de um *setting* terapêutico e do andamento processual que identifica qualquer procedimento psicoterápico. No entanto, equivocam-se os psicanalistas ao supor que seu modelo psicoterápico individual possa ser transposto para o atendimento grupal, incluindo o grupo familiar, sem cometer certas aberrações, tanto do ponto de vista epistemológico quanto dos fundamentos clínicos.

Em 1910, B. Russell, ao elaborar sua teoria dos tipos lógicos, postula não ser possível uma classe (grupo) ser membro de si mesma, assim como um de seus membros não pode ser a classe (grupo), abrindo caminho para a formulação do princípio da não somatividade, uma das pedras angulares da teoria dos sistemas (Bertallanfy, 1956), que nos diz que um sistema (grupo) não pode ser entendido como a mera soma de suas partes e que os resultados da análise de segmentos isolados não pode se aplicar ao conjunto como um todo. Assim, tanto quando um grupanalista interpreta o material do grupo como um todo, como quando interpreta o material de um membro do grupo (ainda que conectando-o por referências associativas ao que, hipoteticamente, estaria se passando na mente dos demais membros do grupo), está desconsiderando, na primeira hipótese, o fato de *grupo* e *indivíduos componentes* serem dois tipos lógicos distintos e, na segunda, a circunstância de que o que se passa na mente do indivíduo isolado não pode se aplicar por extrapolação ao grupo todo. Da mesma forma, quando um terapeuta de famílias toma associações do grupo familiar ou sonhos de distintos membros da família e tenta integrá-los numa síntese compreensiva dos conflitos subjacentes, está incorrendo em similar equívoco, por tomar como unívoco o que não o é, pois cada mente terá produzido tais emergentes psíquicos a partir de distintas vivências pessoais.

Portanto, a tentativa dos primeiros psicanalistas de aplicar às famílias ou grupos a metodologia do processo analítico os levou a desconsiderar aquisições epistemológicas já então assimiladas por outras áreas da ciência. Talvez resida nos equívocos cometidos pelos pioneiros, ao tentar transpor simplistamente para o campo das interações grupais (muito mais amplas e complexas) um método originalmente criado para instrumentar uma relação bipessoal, o relativo declínio do interesse das aplicações da psicanálise a formas grupais de terapia coincidindo com o *boom* das terapias familiares sistêmicas a partir dos anos 1960 do século passado.

Outras teorias igualmente propuseram-se a tentar entender e instrumentar o trabalho com grupos, ainda que não necessariamente no âmbito terapêutico. A teoria gestáltica, por exemplo. A noção de *gestalt* também se originou de outro campo de observação de fenômenos que não os atinentes aos grupos humanos. Foi a partir da ilusão ótica criada por objetos estáticos que, mostrados em rápida sucessão, parecem estar em movimento, que Wertheimer elaborou sua teoria gestáltica, depois aplicada à psicologia, em geral, e aos grupos, em particular, influenciando a gênese dos estudos sobre *dinâmica dos grupos* por Lewin.

Igualmente o *psicodrama*, cuja aplicação clínica é responsável por seu status epistemológico, nasceu de outro vértice e intenção investigatória. Como é uma técnica eminentemente grupal, não é de surpreender que tenha expandido seu potencial terapêutico no atendimento a casais e famílias.

Foi, no entanto, com o advento das *teorias sistêmica* e da *comunicação humana* que a *terapia de famílias*, outra forma de grupoterapia, desenvolveu-se a ponto de adquirir certa hegemonia no campo das psicoterapias em geral. Mas, como vimos anteriormente, também a terapia de famílias de linhagem sistêmica está distante de contar com uma fundamentação epistemológica suficiente, assim como não temos ainda na literatura registros confiáveis do *follow up* de um número significativo de famílias atendidas com esse enfoque para corroborar sua eficácia como método terapêutico.

Pelo exposto acima é que postulamos que a terapia de famílias ainda está num estágio experimental, onde o aprisionamento em hipóteses teórico-técnicas prematuramente erigidas em teorias de sustentação de práticas clínicas pode obstaculizar o movimento criativo em busca de novas vertentes epistêmicas para apoiar nossa práxis com famílias.

Por outro lado, pensamos, como Winnicott, que a técnica não deve sobrepor-se a quem a emprega; ela é um instrumento apenas, e só em mãos habilidosas adquire o alcance e a versatilidade que a tornam deveras útil.

Entendemos que o que radica (e ao mesmo tempo transcende) o processo psicoterápico é a criação de um clima terapêutico monitorado pela empatia com a família que nos procura e o real desejo de ajudar seus membros a superar seus impasses e situações conflitivas, proporcionando-lhes um *holding* adequado para que encontrem, a partir de seus próprios potenciais e com um mínimo de interferência nossa, a retomada de seus projetos de vida coartados pelo sofrimento que os aflige.

O reconhecimento e aceitação dos seres humanos nas suas singularidades e o respeito às diferenças que apresentam é o marca passo de nossa conduta enquanto terapeutas e a posição muitas vezes reducionista das teorias que embasam os procedimentos técnicos parece-nos contrapor-se ao estímulo à busca de autonomia pessoal e familiar que, a nosso ver, alicerça o bem estar psíquico e a qualidade de vida familiar almejada.

Esse mesmo objetivo junto às famílias que nos procuram traçamos coerentemente em nossa tarefa pedagógica: oferecer aos alunos, que conosco buscam sua referenciação como terapeutas de famílias, a oportunidade de desenvolverem seus potenciais e buscarem o conhecimento num ambiente facilitador, nunca impeditivo, da manifestação de sua criatividade e afirmação de sua autonomia.

Referências

Bertalanffy, von L. (1968). *Teoria Geral dos Sistemas.* Petrópolis: Editora Vozes.

Osorio, L. C. (2000). *Grupos: teorias e práticas.* Porto Alegre: Artes Médicas.

Valle, M. E. P. do (1993). *Winnicott: holding,* trabalho não publicado.

Whitehead, A. N., & Russell, B. (1910-13). *Principia Mathematica.* Cambridge: Cambridge Univ. Press.

▪ CAPÍTULO 14 ▪

CONCLUINDO, EM ESPIRAL ASCENDENTE...

Estamos vivendo uma época de inevitáveis, aceleradas e imprevisíveis mudanças na esteira do progresso tecnológico, que cresce em ritmo exponencial nessa virada de milênio. Gostaríamos agora, à guisa de conclusão, no espírito da metáfora que inspira nosso trabalho como terapeutas, de convidá-los a um olhar prospectivo para uma realidade em permanente transformação, como aquela em que se situam as famílias, as instituições, as terapias e as teorias que procuram sustentá-las.

A espiral ascendente revisita o passado a cada giro de 360° de suas voltas, mas sempre noutro nível evolutivo na perspectiva futura que aponta seu eixo. O futuro e não o passado é o elemento reverenciador da evolução humana. É o que vem e não o que foi o que baliza o processo civilizatório em busca de uma melhor qualidade de vida para todos nós. Precisamos estar conectados com uma visão prospectiva de mundo para não perder o barco da História.

O passado alberga o que nos foi legado e nos referencia como seres humanos, mas ele só adquire sentido na medida em que o transcendemos com nosso compromisso com o futuro e com o que nos irá suceder. Essa crescente conscientização de que somos responsáveis pelo mundo a legar a nossos filhos é uma das aquisições de nossa época e pavimenta todos os movimentos ecológicos e humanistas que emergem por todos os lados nesse alvorecer do terceiro milênio.

Há que andar-se com os olhos postos no caminho a percorrer antes que no já percorrido, sob o risco de, se não o fizermos, tropeçarmos e cairmos ou ficarmos paralisados, observando os que têm a coragem de prosseguir. Esse é também o mote com que os velhos de hoje espantam o espectro da finitude com o compromisso de não desistir (des + existir) de seus projetos de vida enquanto essa não se apague. E se com isso nem sempre a prolonguem, certamente redescobrem a alegria de viver.

Ressignificar o exercício da autonomia e pautá-la com a determinação dos que sabem onde querem ir, mas sem o aprisionamento de quem se aferra às origens ou põe o destino e não a trajetória como objetivo da existência — eis aí, em suma, o contexto em que vislumbramos novos rumos para nossa atividade profissional como terapeutas de famílias. Sem nos deixarmos aprisionar pelas teorias já elaboradas, nem nos seduzirmos por resultados que nos ofereçam (e que acabam por ser muito mais expectativas nossas do que das famílias que nos procuram), e guiados, antes, pela trajetória e percepção das aspirações de cada família do que por propósitos terapêuticos delineados por nossas construções paradigmáticas, estaremos liberando a espontaneidade e criatividade sem a qual terapeutas nunca serão mais do que técnicos, nunca seres empáticos capazes de cuidar de outros e fornecer o adequado e conveniente *holding* para o grupo familiar em sofrimento.

Fernando Pessoa disse, em um de seus poemas, que "navegar é preciso; viver não é preciso" e provocou espanto com o aparente paradoxo de sua frase poética; aparente porque, na verdade, aqui Pessoa referia-se não ao *ser necessário*, mas ao *ser preciso*, no sentido de ser exato, ter precisão. A precisão que os navegadores portugueses encontraram para se lançar aos mares com suas naus bem construídas e seus rudimentares, porém confiáveis, instrumentos náuticos.

A certeza, como sugere Pessoa, a vida não nos oferece, tão ao sabor dos ventos nos deixa em nosso périplo existencial, mas é justamente por essa circunstância que nos predispõe, como o fez com os navegadores portugueses, a novas descobertas, que não fariam se tivessem apenas o destino e não o trajeto e o prazer de navegar como fonte motivadora.

Essa visão prospectiva que enfatizamos também nos conduz a outra dimensão: a das atividades grupais como veículo para transitar no estágio civilizatório em que adentramos simultaneamente com a chegada do novo milênio. Parodiando o poeta, no ambíguo sentido de sua expressão, diríamos que "trabalhar em e com grupos é preciso".

Estamos saindo da era da individualidade para ingressarmos na era da grupalidade, na qual, para concretizar seus sonhos e atingir suas metas, já não bastará ao ser humano o esforço individual sem sua inserção no coletivo.

A interdisciplinaridade e as parcerias estão gradualmente sobrepujando as competências individuais no mercado de trabalho. A imagem da equipe cooperativa afirma-se onde lideranças carismáticas soçobram. O *self-made man* é cada vez mais uma figura mítica do passado.

É na família — o grupo primordial — que encontramos o ambiente natural, monitorado pela confiança mútua, para aprender a conviver com as diferenças, superar as rivalidades que subtraem para alcançar a solidariedade que multiplica, cultivar o espírito de tolerância e respeito ao outro que são o alicerce da construção do social.

Sem dúvida, o prazer da convivência e a prática da solidariedade são o passaporte para a qualidade de vida a que todos aspiramos. Nessa busca todas as vertentes psicoterápicas convergem, pois é intrínseca à própria condição do espírito humano.

Quanto aos *paradigmas,* marcapassos da evolução humana, continuarão se sucedendo ao longo dos tempos; e para que a terapia de famílias continue encontrando novos rumos, precisamos evitar que eles se tornem *paradogmas.*

Construindo ideias
e conectando mentes